往復序

왕
복
서

왕복서往復序
대방광불화엄경 소서疏序

청량 징관 찬撰
여천 무비 강설

담앤북스

서문

비록 한글로 번역하고 강설을 덧붙이는 일이기는 하지만 이 화엄경 왕복서는 워낙 천하에서 제일가는 명문인지라 긁어서 부스럼을 내는 것과 같아서 죄스럽기 이를 데 없습니다.

원래 화엄경은 그 양이 10조 9만 5천 48자字라고도 하고, 13천 대천세계 미진수 게송十三千大千世界微塵數偈頌과 일사천하미진수품一四天下微塵數品이라고도 합니다. 그것을 간략하게 간추린 것이 81권이며 또는 60권입니다. 이것을 다시 축약한 세 가지 요긴한 글이 세상에 전하는데, 그 하나는 81권 화엄경에 대해서 그 구성과 형식을 110게송 770자로 간략히 설명한 것으로 화엄경 약찬게略纂偈입니다. 둘은 화엄경에서 밝힌 이치를 30게송 210자로 설명한 것으로 법성게法性偈입니다. 셋은 화엄경의 형식과 이치를 772자로 모두 함께 간략히 설명한 것으로 곧 왕복서往復序입니다.

왕복서는 너무나 압축하고 압축한 글이어서 이해하기가 쉽지 않아서 서툰 솜씨로나마 이를 번역하고 강설하여 뜻 있는 사람들의 이해를 돕고자 하여 또다시 서문을 씁니다.

왕복서는 아래와 같은 10문으로 되어 있습니다.

제1문에서는

화엄경은 일체 존재의 근본체성(法界)을 높이 들어 표시하였습니다.

제2문에서는

그와 같은 화엄경을 특별히 찬탄하였습니다.

제3문에서는

교화의 주인인 법신부처님은 생각하여 알기 어려움을 밝혔습니다.

제4문에서는

화엄경은 그 설법하는 의식이 넓고 두루 하다는 뜻을 밝혔습니다.

제5문에서는

화엄경의 말씀은 근본과 지말을 모두 갖추었음을 밝혔습니다.

제6문에서는

화엄경의 지취(旨趣)는 깊고 미묘하다는 뜻을 밝혔습니다.

제7문에서는

화엄경은 이익을 이룸이 몰록 뛰어넘었음을 밝혔습니다.

제8문에서는

화엄경의 가르침이 크고 넓고 심원함을 맺어서 찬탄하였습니다.

제9문에서는

청량스님께서 화엄경 만난 것을 감격하고

경사로 여김을 밝혔습니다.

제10문에서는

화엄경의 이름과 제목을 간략히 해석하였습니다.

특히 청량스님께서 화엄경 만난 것을 크게 감격하고 경사로 여김을 밝힌 부분에서는 "몸을 바쳐서 그 죽을 곳을 얻었으며, 생각을 다하여 그 돌아갈 곳이 있게 되었다[亡軀得其死所 竭思有其所歸]."라고 하였습니다. 화엄경을 공부하면서 얼마나 감동하셨기에 이렇게까지 말씀하셨을까 하는 것을 생각해 본다면 화엄경의 위대함에 대해 드넓은 바다의 한 방울의 물 정도는 짐작하리라 믿으면서 서문의 서문을 이것으로 갈음합니다.

2019년 2월 15일

신라 화엄종찰 금정산 범어사

如天 無比

차례

대 방 광 불 화 엄 경 소 서
大方廣佛華嚴經 疏序

당 청량산 대 화엄사 사문 징관찬술
唐清涼山 大華嚴寺沙門 澄觀撰述

제 일 문 표 거 종 체
● 第一門 標擧宗體

왕 복 무 제 동 정 일 원 함 중 묘 이 유 여
往復이 無際나 動靜은 一源이라 含衆妙而有餘하고

초 언 사 이 형 출 자 기 유 법 계 여
超言思而迥出者는 其唯法界歟며

제 이 문 별 탄 능 전
● 第二門 別歎能詮

부 열 현 미 소 확 심 경 궁 리 진 성 철 과
剖裂玄微하고 昭廓心境하며 窮理盡性하고 徹果

해 인 왕 양 충 융 광 대 실 비 자 기 유 대 방 광
該因하며 汪洋沖融하고 廣大悉備者는 其唯大方廣

불 화 엄 경 언
佛華嚴經焉인저

● 第三門 敎主難思

고 아 세 존　　십 신 초 만　　정 각 시 성　　　승 원 행
故我世尊이 十身初滿에 正覺始成하사 乘願行

이 미 륜　　　혼 허 공 위 체 성　　　부 유 만 덕　　　탕
以彌綸하시며 混虛空爲體性하시니 富有萬德이나 蕩

무 섬 진
無纖塵이로다

● 第四門 說儀周普

담 지 해 지 징 파　　허 함 만 상　　　교 성 공 지 만 월
湛智海之澄波가 虛含萬象이요 皦性空之滿月이

돈 락 백 천　　　불 기 수 왕　　　나 칠 처 어 법 계
頓落百川이로다 不起樹王하사 羅七處於法界하시며

무 위 후 제　　창 구 회 어 초 성　　　진 굉 확 지 유 종
無違後際하사 暢九會於初成이로다 盡宏廓之幽宗

피 난 사 지 해 회　　원 음 낙 락　　해 십 찰 이 돈
하사 被難思之海會하시니 圓音落落하사 該十刹而頓

주　　　주 반 중 중　　극 시 방 이 제 창
周하시며 主伴重重하사 極十方而齊唱이로다

제 오 문 언 해 본 말
● 第五門 言該本末

수 공 공 절 적　　　이 의 천 지 성 상　　찬 연　　　담 담
雖空空絕跡이나 而義天之星象이 燦然이요 湛湛

망 언　　　이 교 해 지 파 란　　호 한　　　약 내 천 문 잠
亡言이나 而敎海之波瀾이 浩瀚이로다 若乃千門潛

주　　여 중 전 위 홍 원　　　만 덕 교 귀　　섭 군 경 위 권
注라 與衆典爲洪源이요 萬德交歸라 攝群經爲眷

속
屬이로다

제 육 문 지 취 현 미
● 第六門 旨趣玄微

기 위 지 야
其爲旨也여

명 진 체 어 만 화 지 역
冥眞體於萬化之域하고

현 덕 상 어 중 현 지 문
顯德相於重玄之門이로다

용 번 홍 이 항 여
用繁興以恒如하고

지 주 감 이 상 정
智周鑑而常靜이로다

진 망 교 철　　즉 범 심 이 견 불 심
眞妄交徹이라 卽凡心而見佛心이요

사 리 쌍 수　　의 본 지 이 구 불 지
事理雙修라 依本智而求佛智로다

이 수 사 변　　즉 일 다 연 기 지 무 변
理隨事變이라 則一多緣起之無邊이요

사 득 이 융　　즉 천 차 섭 입 이 무 애
事得理融이라 則千差涉入而無礙로다

고 득 십 신 역 연 이 상 작　　육 위 불 란 이 갱 수
故得十身歷然而相作하고 六位不亂而更收로다

광 대 즉 입 어 무 간　　진 모 포 납 이 무 외
廣大卽入於無間이요 塵毛包納而無外로다

병 연 제 현　　유 피 개 병
炳然齊現은 猶彼芥瓶이요

구 족 동 시　　방 지 해 적
具足同時는 方之海滴이로다

일 다 무 애　　등 허 실 지 천 등
一多無礙는 等虛室之千燈이요

은 현 구 성　　　사 추 공 지 편 월
隱顯俱成은 **似秋空之片月**이로다

중 중 교 영　　　약 제 망 지 수 주
重重交映은 **若帝網之垂珠**요

염 념 원 융　　　유 석 몽 지 경 세
念念圓融은 **類夕夢之經世**로다

법 문 중 첩　　　약 운 기 장 공
法門重疊은 **若雲起長空**이요

만 행 분 피　　　비 화 개 금 상
萬行芬披는 **比華開錦上**이로다

제 칠 문 　성 익 돈 초
● **第七門 成益頓超**

약 부 고 불 가 앙　　　즉 적 행 보 살　　　폭 시 린 어 용
若夫高不可仰이라 **則積行菩薩**도 **曝腮鱗於龍**

문　　심 불 가 규　　　즉 상 덕 성 문　　　두 시 청 어 가 회
門이요 **深不可闚**라 **則上德聲聞**도 **杜視聽於嘉會**

견 문 위 종　　　팔 난　　초 십 지 지 계　　해 행 재
로다 **見聞爲種**이라 **八難**에 **超十地之階**하고 **解行在**

궁　　　일 생　　원 광 겁 지 과
躬이라 **一生**에 **圓曠劫之果**로다

사 자 분 신　　중 해 돈 증 어 임 중　　　상 왕 회 선
獅子奮迅에 衆海頓證於林中이요 象王廻旋에

육 천　　도 성 어 언 하
六千이 道成於言下로다

계 명 동 묘　　지 만 불 이 어 초 심　　기 위 남 구
啓明東廟하니 智滿不異於初心이요 寄位南求하니

인 원 불 유 어 모 공
因圓不踰於毛孔이로다

부 미 진 지 경 권 즉 염 념 과 성　　진 중 생 지 원 문
剖微塵之經卷則念念果成이요 盡衆生之願門

즉 진 진 행 만
則塵塵行滿이로다

제 팔 문　결 탄 굉 원
● 第八門 結歎宏遠

진 가 위 상 항 지 묘 설　　통 방 지 홍 규　　칭 성 지
眞可謂常恒之妙說이며 通方之洪規며 稱性之

극 담　　일 승 지 요 궤 야
極談이며 一乘之要軌也로다

심 사 현 지　　각 람 여 경　　기 유 고 일　　여 천
尋斯玄旨하고 却覽餘經하니 其猶呆日이 麗天에

탈 중 경 지 요　　수 미 횡 해　　낙 군 봉 지 고
奪衆景之耀요 須彌橫海에 落群峯之高로다

제 구 문　감 경 봉 우
● 第九門 感慶逢遇

시 이　　보 살 수 비 어 용 궁　　대 현 천 양 어 동 하
是以로 菩薩搜祕於龍宮이요 大賢闡揚於東夏

고 유 정 법 지 대　　상 익 청 휘　　행 재　　상 계
로다 顧惟正法之代에도 尙匿淸輝어늘 幸哉라 像季

지 시　　우 사 현 화　　황 봉 성 주　　득 재 영 산
之時에 偶斯玄化하고 況逢聖主하며 得在靈山하야

갈 사 유 종　　기 무 경 약
竭思幽宗하니 豈無慶躍이리오

제 십 문　약 석 명 제
● 第十門 略釋名題

제 칭 대 방 광 불 화 엄 경 자　　즉 무 진 수 다 라 지
題稱大方廣佛華嚴經者는 卽無盡修多羅之

16

총명 세주묘엄품제일자 즉중편의류지별
總名이요 **世主妙嚴品第一者**는 **卽衆篇義類之別**

목
目이니라

대 이 광 겸 무 제
大以曠兼無際하고

방 이 정 법 자 지
方以正法自持하고

광 즉 칭 체 이 주
廣則稱體而周하고

불 위 각 사 현 묘
佛謂覺斯玄妙하고

화 유 공 덕 만 행
華喩功德萬行하고

엄 위 식 법 성 인
嚴謂飾法成人하고

경 내 주 무 갈 지 용 천
經乃注無竭之涌泉이로다

관 현 응 지 묘 의 섭 무 변 지 해 회 작 종 고 지
貫玄凝之妙義하며 **攝無邊之海會**하며 **作終古之**

상 규
常規로다

불급제왕 병칭세주 법문의정 구왈묘엄
佛及諸王을 並稱世主요 法門依正을 俱曰妙嚴

분의류이창품명 관군편이칭제일
이니 分義類以彰品名할새 冠群篇而稱第一이니라

사경 유삼십구품 차품 건초 고 운
斯經이 有三十九品하니 此品이 建初ㄹ새 故로 云

대방광불화엄경세주묘엄품제일
大方廣佛華嚴經世主妙嚴品第一이라하니라

大方廣佛華嚴經 疏序

唐清涼山 大華嚴寺沙門 澄觀撰述

대방광불화엄경 소疏의 서문
왕복서往復序

당나라 청량산 대화엄사 사문 징관 찬술

화엄경이 인도에서 중국으로 전해지고 나서 다른 경전과 비교하며 연구한 선지식들의 해설서가 대단히 많다. 화엄종의 초조인 두순(杜順, 557~640)스님과 제2조인 지엄(智儼, 602~668)스님과 제3조인 현수(賢首, 643~712)스님과 원효(元曉, 617~686)스님과 의상(義湘, 625~702)스님과 이통현(李通玄, 635~730)장자와 청량(淸凉, 738~839)국사 등 이 분들이 화엄경을 해석한 소疏와 초抄와 논서論書들이 산을 이루고 바다를 이룬다. 그 가운데서 후대에까지 가장 많이 읽히는 것은 청량국사의 소초다. 예로부터 우리나라에도 그 소초가 판각되어 전통 교육기관인 강원에서 오래도록 널리 탐구하여 왔다.

청량국사가 그 소초를 쓰면서 서문을 남겼는데 흔히 왕복서往復序라고 알려져 있다. 화엄경의 전체 내용을 축약하고 또 축약하여 쓴 이 서문이 짧은 한 편의 글로서는 천하에서 제일가는 명문으로 추앙받으며 수많은 사람들에게 회자되고 있다. 그것이 대방광불화엄경 소疏의 서문이다.

第一門 標擧宗體

근본체성을 높이 들어 표시하다

왕　복　　무　제
往復이 無際나

가고 다시 돌아오는 일이 끝이 없다.

　가장 먼저 만유제법의 근본체성이 되는 것을 드러내어 표시하였다. 그것은 곧 법계法界라는 말이다. 만유제법을 세분하면, 사람을 위시하여 일체 생명의 세계가 있고 그 생명들이 의지하여 머물고 있는 세계인 지구가 있고 또 우주와 은하계가 있다. 그리고 다시 깨달음의 세계와 미혹의 세계가 있다. 이 모든 세계에서 일어나는 온갖 작용까지를 통합해서 법계라고 일컫는다.

　그렇다면 만유제법의 근본체성이 되는 법계란 어떤 내용을 지니고 있는가. 첫째, 법계의 작용作用으로서 "가고 다시 돌아오는 일이 끝이 없다."고 하였다. 즉 가게 되면 돌아오게 되고, 돌아오면 또 가게 되고 하는 일이 끝이 없이 반복된다. 또 일어나면 소멸하게 되고, 소멸하면 일어나게 되는 일이 끝이 없이 반복된다. 또 움직이면 조용하게 되고, 조용하면 움직이게 되는 일이 끝이 없이 반복된다. 이것은 우리들 인생과 삼라만상과 우주만유가 존재하는 존재원리다.

이 세상에는 이 원리에서 벗어난 것은 아무것도 없으므로 무엇이든 이 원리에 다 적용이 된다. 춘하추동이 그렇고, 생로병사가 그렇고, 생주이멸이 그렇고, 흥망성쇠가 그렇다. 이것이 법계의 작용으로서의 한 내용이다.

動靜은 一源이라
(동정)   (일원)

움직이고 조용함은 그 근원이 하나로다.

앞에서 "가고 다시 돌아오는 일이 끝이 없다."라고 한 내용을 설명한 글 가운데 움직이고 조용함도 포함되어 있다. 가고 다시 돌아오는 일과 움직이고 조용함이 아무리 왕성한 작용을 보이더라도 그 근원은 하나다. 이것은 법계의 본체本體를 표현한 말이다.

예컨대 물이 아무리 여러 가지로 변하여 수증기가 되고, 얼음이되고, 구름과 안개가 되고, 세찬 폭우가 되고, 파도가 되고, 고요한 호수의 물이 되더라도 젖는 본성은 하나인 것과 같다. 또 금으로 수천 수만 가지의 사물을 만들었어도 그 본성은 금인 것과 같다. 또 전단향나무로 불상을 조각하고, 보살상을 조각하고, 중생의 모습을 조각하고, 곰의 형상을 조각하고, 물고기의 형상을 조각하더라도 그 본성은 미묘한 향기를 풍기는 전단향나무인 것과 같다.

사람이 하루 동안 지옥 중생도 되고, 아귀도 되고, 축생도 되고, 아수라도 되고, 아라한도 되고, 천신도 되고, 보살도 되고, 부처도 되고 하더라도 그 근본은 하나의 사람인 것이다.

함 중 묘 이 유 여
含衆妙而有餘하고

온갖 미묘함을 다 함유하고 있으나 여유가 있고,

법계의 현상을 밝혔는데, 법계에는 항하강의 모래 수보다 몇 억만 배나 더 많은 참성품의 공덕이 있다. 우선 우리들 사람이 이렇게 하루하루 살아간다는 일이 얼마나 심심미묘甚深微妙한 일인가. 이것이 온갖 미묘함이다. 그런데 법계에는 그와 같은 많은 공덕을 갖

추고 있으나 너무나 크고 또 커서 넘쳐나거나 비좁게 꽉 차지 않고
언제나 여유가 있다.

그래서 아승지품阿僧祇品에서

"하나의 작은 모공 가운데

말로는 설명할 수 없이 많은 세계가 차례대로 들어가서

모공이 그 모든 세계를 능히 다 받아들이지만

그 모든 세계가 모공을 다 채우지 못하는도다."[1] 라고 표현하
였다.

또 능엄경에서는

"허공이 대각大覺 가운데서 생기게 된 것이

마치 바다에서 물거품이 하나 일어난 듯하고

작은 먼지같이 무수한 유루有漏 국토들[은하들]이

모두 허공을 의지하여 생겼도다."[2] 라고도 표현하였다.

---

[1] 　於一微細毛孔中 不可說刹次第入 毛孔能受彼諸刹 諸刹不能遍毛孔.
[2] 　空生大覺中 如海一漚發 有漏微塵國 皆依空所生.『능엄경』

여기에서 말하는 대각大覺은 곧 법계와 같은 뜻이다.

초 언 사 이 형 출 자　기 유 법 계 여
超言思而逈出者는 **其唯法界歟**며

말과 생각을 초월하여 멀리 벗어난 것은 오직 법계法界뿐이
로다.

법계의 작용과 법계의 본체와 법계의 현상을 모두 융합하여 다
떨어 버렸다. 작용과 본체와 현상을 융합하면 셋이 하나가 되고,
떨어 버리면 그 모두가 고요하여진다. 앞에서 작용은 어떻고 본체
는 어떻고 현상은 어떠하다고 표현하였으나 실은 생각이나 언어
로서는 법계의 실상을 제대로 표현할 수 없기 때문이다. 그러므로
법계라고 말하지만 말이나 생각을 초월하였다고 한 것이다.
　그래서 십회향품에서는 법계의 속성에 대해서 열 가지로 밝혔다.
곧 "법계는 한량[量]이 없다. 법계는 끝[邊]이 없다. 법계는 한계[限]
가 없다. 법계는 변제[際]가 없다. 법계는 단절함[斷]이 없다. 법계는
한 성품[一性]이다. 법계는 자성이 청정[自性淸淨]하다. 법계는 수순隨
順한다. 법계는 장엄莊嚴하다. 법계는 깨뜨릴 수 없다[不可失壞]."라

고 하였으나 역시 생각과 언어를 초월한 경지이다.

● 第二門 別歎能詮

화엄경을 특별히 찬탄하다

부 열 현 미   소 확 심 경
剖裂玄微하고 **昭廓心境**하며

유현하고 미묘한 내용을 분석하고 나누었으며 마음과 경계
를 환하게 비추었으며,

화엄경은 어떤 경전인가? 그것은 화엄경을 자세히 읽고 사유하
고 또 큰 지혜의 눈을 떠서 그 깊고 높은 뜻을 꿰뚫어 보아야 어느
정도 설명할 수 있겠으나 간단하게 몇 마디만으로 요약해 보자면
이와 같다. 즉 화엄경은 법계의 유현하고 미묘한 내용을 분석하고
나누었으며, 마음과 경계를 환하게 비추었다. 마음은 주관이며 경
계는 객관이다. 일체 존재를 간단하게 둘로 나누면 주관과 객관이
다. 즉 사람의 한 마음과 그 대상인 경계다. 화엄경은 곧 일체 존재
의 주관과 객관을 환하게 비추어 밝혔다.

궁 리 진 성　　　철 과 해 인
窮理盡性하고　**徹果該因**하며

이치를 다 드러내고 본성을 다 표현하여 결과에 사무치고 원
인을 갖추었으며,

화엄경은 사람이 세상을 살아가는 이치와 그 내면의 본성을 다
표현하여 설명하였다. 우주만유와 삼라만상의 온갖 현상에서 펼
쳐지고 있는 갖가지 이치와 사람이 세상을 살아가면서 겪게 되는
많고 많은 우여곡절과 흥망성쇠의 모든 이치를 남김없이 다 설명
하였다. 어떤 문제든 해답이 없는 것이 없다. 그리고 사람의 본성
에서부터 일체 시간과 모든 공간의 본성에 이르기까지 설명되지 않
는 것이 없다.

또한 화엄경은 눈에 보이거나 보이지 않거나, 귀에 들리거나 들
리지 않거나 일체 현상들이 모두 인과로 이뤄지고 인과로 변화하
고 소멸하는 문제, 즉 연기연멸緣起緣滅의 이치를 다 설명하였다. 인
간세상의 부귀공명과 흥망성쇠에서부터 중생이 수행하여 부처에
이르는 일까지 모두 인연의 법칙으로 이뤄졌음을 화엄경은 낱낱이
밝히고 있다. 부처님께서도 이 연기의 이치를 깨달았다고 하지 않
던가. 화엄경이야말로 부처의 경지를 펼치고 화장장엄세계를 만들

어 가는 온갖 인과의 도리를 남김없이 설파한 가르침이다.

왕 양 충 융   광 대 실 비 자   기 유 대 방 광 불 화 엄

汪洋沖融하고   **廣大悉備者**는   **其唯大方廣佛華嚴**

경 언

經焉인저

     깊고 넓고 가득하여 넘치며 심원하고 융성하고 넓고 커서 모두 다 갖춘 것은 오직 대방광불화엄경뿐이로다.

     또 화엄경의 설법은 마치 큰 바다가 무한히 깊고 넓고 가득하고 심원하고 융성하면서 아득하게 넘실대듯이 풍부하기가 이를 데 없다. 한마디로 말하면 넓고 커서 일체 모든 것을 갖추지 않은 것이 없다. 실로 화엄경을 깊이 읽어 본 사람은 숨이 멎고 기가 막히어 무어라고 표현할 말을 잊고 만다. 이러한 가르침은 오직 대방광불화엄경뿐이다. 그래서 그 많고 많은 모든 경전의 뜻을 다 포함한 것이 이 대방광불화엄경이다. 즉 팔만대장경의 다른 이름이 곧 대방광불화엄경이다.

● 第三門 敎主難思

교화의 주인은 생각하여 알기 어렵다

고 아 세 존　　십 신 초 만　　정 각 시 성
故我世尊이 **十身初滿**에 **正覺始成**하사

그러므로 우리 세존世尊께서 열 가지 몸[十身]이 처음 만족함에 비로소 정각正覺을 이루시었다.

이 왕복서가 먼저 법계를 말하고, 다음은 화엄경을 일컫고, 이어서 세존을 언급하였다. 세존께서 열 가지 몸을 만족하였다고 하는 그 열 가지 몸[十身]이란 중생신·국토신·업보신·성문신·벽지불신·보살신·여래신·지신智身·법신·허공신이다. 세존께서 과거의 수많은 생으로부터 수행하여 오늘에 이르기까지 그 공덕이 충만한 것으로 이와 같은 열 가지 몸이 처음으로 가득하게 되었으며, 정각을 비로소 성취하게 되었다고 하였다. 세존의 진정한 모습은 법신이다. 법신은 열 가지 몸에 포함되지만 그 외의 다른 몸들도 다 포함하고 있다. 세존의 이러한 사실들은 실로 불가사의하여 생

각으로 헤아려 알기 어렵다. 그래서 교주이신 세존의 경지는 생각하기 어렵다고 한 것이다.

승원행이미륜　　　혼허공위체성
乘願行以彌綸하시며 **混虛空爲體性**하시니

서원과 행行에 의지하여 넓고 두루 하며, 허공과 혼융하여 자체의 성품을 삼으시었다.

세존의 특별한 점은 첫째 정각을 이루신 일이고, 다음은 만 중생을 교화하려는 서원과 그 실천인 보살행을 들 수 있다. 그것을 필자는 화엄경의 대지大旨로서 "먼저 시성정각을 밝히고 뒤에는 보살행원을 드러내었다."고 정의하였다. 전통적인 표현으로는 '선명시성정각先明始成正覺하고 후현보살행원後顯菩薩行願'이라고 한다. 세존이 세상에 출현하신 목적을 간략히 표현한 말이다. 정각을 이루시고 나서 보살의 서원과 행을 온 세상에 두루 펼치신 것을 밝힌 말이다. 그래서 화엄경은 정각의 내용을 한껏 설명하고 나서 중생을 위한 보살행을 줄기차게 설하였다. 그 보살행으로서의 서원과 행行에 의지하여 온 법계에 넓고 두루 하다고 한 것이다. 그리고 세존의 자체 성품은 곧 허공 자체이다. 그래서 세존의 열 가지 몸 가운데 법신이 있고 허공신이 있는 것이다.

부 유 만 덕　　　탕 무 섬 진
富有萬德이나 **蕩無纖塵**이로다

넉넉하고 풍성함에는 만덕萬德을 가지셨고, 텅 비어 없음에는 작은 먼지 하나마저 없도다.

다시 세존의 특별한 점을 요약하여 정리하면 있음과 없음의 두 가지로 설명할 수 있는데, 먼저 있음의 입장으로는 넉넉하고 풍성하여 만행 만덕을 가지셨고, 없음의 입장으로는 텅 비어 없어서 아주 작은 먼지 하나마저 없다. 다시 정리하면 세존에게는 아무것도 없다. 정말 송곳을 꽂을 땅도 없으며 송곳마저 없다. 어찌 먼지만한 번뇌나 무명이나 망상이나 장애가 있겠는가. 그러나 한편 세존에게는 없는 것이 없어서 모든 것이 넘쳐난다. 온 우주의 만 중생을 다 호의호식하게 하고도 그대로 남는다. 이 얼마나 풍성한 살림살이인가.

그러므로 화엄경 제80권 맨 마지막 부분에서 부처님의 다함이 없는 공덕을 찬탄하기를,

"세계 티끌 같은 마음 헤아려 알고

큰 바닷물까지 마셔 다하고

허공을 측량하고 바람을 얽어매어도

부처님의 공덕은 말로 다할 수 없네.

이러한 공덕 바다 누가 듣고서

기뻐하며 믿는 마음 내는 이들은

위에 말한 공덕을 얻게 되리니

여기에서 의심을 내지 말지라." [3]라고 하였다.

---

3)　　刹塵心念可數知하고 大海中水可飮盡하며 虛空可量風可繫라도 無能盡說佛功德이로다
若有聞斯功德海하고 而生歡喜信解心이면 如所稱揚悉當獲하리니 愼勿於此懷疑念이어다

● 第四門 說儀周普
설법하는 의식이 넓고 두루 하다

담 지 해 지 징 파　　허 함 만 상
湛智海之澄波가 虛含萬象이요

맑고 고요한 지혜 바다의 맑은 파도가 텅 비어서 삼라만상을
다 품었으며

　법계와 화엄경과 세존에 이어서 세존의 설법 의식이 넓고 두루 함
을 밝혔다. 먼저 의지할 바의 삼매를 밝혔다. 화엄경의 설법은 세
존의 바른 깨달음으로부터 시작한다. 세존의 바른 깨달음이란 곧
모든 것을 꿰뚫어 아는 일체 지혜를 뜻한다. 그 일체 지혜를 무어
라고 표현할 길이 없어서 지혜 바다라고 하였다. 흔히 화엄경의 삼
매를 해인海印삼매라고 하며 이 삼매를 의지하여 밝아진 지혜로 법
을 설하게 된 것이다. 바다가 조용하여 물이 맑으면 그 물에 온갖
삼라만상을 머금은 듯 환하게 비추는 것이 마치 도장을 찍은 듯이
바른 깨달음의 지혜가 일체를 다 아는 것이 그와 같다는 뜻이다.

부처님의 지혜에 드러나지 않는 것이 있겠는가. 보통 사람들이 불법을 설명하려고 할 때 이치가 분명하지 않아서 혼란을 가져오는 것은 이와 같은 삼매에 의한 지혜가 없기 때문이다.

현수품賢首品에 있는 해인삼매의 큰 작용을 밝히는 내용의 일부를 인용하였다.

"혹 동남동녀의 모습과
천신과 용과 아수라와
마후라가 등을 나타내시어
그들이 좋아하는 바를 따라서 다 보게 하시니라.

중생의 형상이 각각 다르고
행行과 업業과 음성 또한 한량없거늘
이와 같이 온갖 것을 모두 능히 나타내시니
이것은 해인삼매의 위신력이로다."4)

---

4) 或現童男童女形과 天龍及以阿修羅와 乃至摩睺羅伽等하야 隨其所樂悉令現이니라
    衆生形相各不同이요 行業音聲亦無量이어늘 如是一切皆能現하나니 海印三昧威神力
    이니라

교성공지만월　돈락백천
皦性空之滿月이 頓落百川이로다

밝고 밝은 법성 하늘의 둥근 달이 한꺼번에 백천 강물에 다
떨어졌도다.

다음은 법을 설하는 법신의 역할을 밝혔다. "일천 강에 물이 있
으니 일천 강에 모두 달이 있다."라는 말이 있다. 밝고 밝은 법성
하늘의 둥근 달이란 곧 법신法身으로서의 세존을 말한다. 세존께서
설법하는 의식은 법을 들을 중생이 있는 곳에는 나타나지 않는 곳
이 없다. 하늘에 있는 하나의 달이 법신이라면 백천 강물에 다 나
타난 달은 중생들을 교화하기 위한 화신化身이 된다.

세존의 이와 같은 사실에 대해서 여래출현품如來出現品에서는 이
와 같이 설하였다.

"비유컨대 밝은 달 허공에 떠서
모든 별 가려 버리며 찼다 기울다 하며
간 데마다 물속에 비친 그림자를
보는 이들 자기 앞에 있다 하듯이

여래의 밝은 달도 그와 같아서

삼승三乘은 가려 버리고 길고 짧음 보이며

천신들과 인간 마음 물에 나타나거든

모든 중생 자기 앞에 대하였다 하도다."[5]

불 기 수 왕　　나 칠 처 어 법 계
不起樹王하사 **羅七處於法界**하시며

보리수나무 밑에서 일어나지 않은 채 법계에다 일곱 곳을 펼치었으며

경을 설한 장소를 밝힌 내용이다. 80권본 화엄경에서 1부部 39품品을 일곱 곳에서 설한 이야기다. 그 일곱 곳이란 제1 보리도량菩提道場과 제2 보광명전普光明殿과 제3 도리천忉利天과 제4 야마천夜摩天과 제5 도솔천兜率天과 제6 타화천他化天과 제7 서다림逝多林의 중각강당重閣講堂이다.

---

5)　譬如淨月在虛空에 能蔽衆星示盈缺하며 一切水中皆現影이어든　諸有觀瞻悉對前인달하야 如來淨月亦復然하사 能蔽餘乘示修短하며 普現天人淨心水하시니 一切皆謂對其前이로다

이와 같이 지상과 천상과 다시 지상으로 자유자재하게 여러 곳을 다니면서 설하신 것으로 되어 있지만 그러나 한순간도 처음 깨달음을 이루신 보리도량의 보리수나무 밑을 떠나지 아니한 채 다니시었다고 하였다.

승수미산정품昇須彌山頂品에 "그때에 세존께서 일체 보리수나무 밑을 떠나지 않으시고 수미산정에 올라가서 제석전帝釋殿을 향하시었다."[6]라고 하였다.

또 수미정상게찬품須彌頂上偈讚品 법혜보살의 게송에,

"불자들이여, 그대들은 마땅히 볼지니라.
여래의 자재하신 힘으로
일체의 염부제에
부처님이 계신다 말하네.

우리들이 지금 보니
부처님께서 수미산 정상에 계시는데

---

6)   爾時에 世尊이 不離一切菩提樹下하고 而上昇須彌하사 向帝釋殿하신대

시방에서도 다 또한 그러하니

여래의 자재하신 힘이셔라."[7]라고 하였다.

　이러한 경전의 뜻은 무엇인가. 부처님께서 깨달음을 성취하신 이후로는 어디에서 무엇을 하시든 항상 깨달음의 경지를 떠나지 않고 행주좌와行住坐臥하시고 어묵동정語默動靜하신다는 뜻이다. 미혹한 사람은 진리의 말씀을 읽어도 미혹에서 벗어나지 못하지만 깨달은 사람은 설사 지옥에 있어도 깨달음의 세계를 누리는 것이다. 깨달음의 입장에서 공간성의 걸림 없는 이치를 나타내었다.

무 위 후 제 　　　창 구 회 어 초 성

無違後際하사 **暢九會於初成**이로다

　최후의 설법[後際]을 어기지 않고 처음 성도成道에서 아홉 번의 법회를 펼치었도다.

　경을 설한 시간을 밝힌 내용이다. 아홉 번의 법회란 80권본 화엄

---

7)　　佛子汝應觀 如來自在力하라 一切閻浮提에 皆言佛在中이로다
　　我等今見佛이 住於須彌頂하시며 十方悉亦然하니 如來自在力이로다

경에서 1부部 39품品을 일곱 곳 아홉 번의 법회에서 설하였다고 하는 것이다. 그 일곱 장소와 아홉 번의 법회를 칠처구회七處九會 39품이라고 한다.

제1회 6품은 보리도량菩提道場
제2회 6품은 보광명전普光明殿
제3회 6품은 도리천忉利天
제4회 4품은 야마천夜摩天
제5회 3품은 도솔천兜率天
제6회 1품은 타화천他化天
제7회 11품은 2회 보광명전
제8회 1품은 3회 보광명전
제9회 1품은 서다림逝多林의 중각강당重閣講堂이다.

이러한 아홉 번의 법회를 최후 서다림의 법회를 어기지 않은 채 부처님이 처음 성도하신 일에서 이미 펼쳐 보였던 것이다. 깨달음의 입장에서 시간성의 걸림 없는 이치를 나타내 보인 것이다. 깨달음의 입장에서는 그 장소가 걸림이 없듯이 앞과 뒤의 시간도 또한 걸림이 없다는 뜻이다.

진 굉 확 지 유 종　　피 난 사 지 해 회
盡宏廓之幽宗하사 **被難思之海會**하시니

크고 넓고 유현한 종지宗旨를 다 설하여 한량없는 대중 바다
에 베푸시니

경을 들은 대중들을 밝힌 내용이다. 화엄경의 높고 크고 깊고 넓
고 유현한 종지를 십불찰十佛刹 미진수의 많고 많은 대중 바다에 다
설하여 듣게 하였다. 화엄경의 청중은 몇 천 명, 몇 만 명 정도가 아
니며 언제나 십불찰 미진수의 많고 많은 대중들을 열거하고 있다.
아니, 온 우주의 모든 사람 모든 생명과 유정 무정이 하나도 빠짐
없이 동참하여 법회를 이루고 있음을 밝혔다.

원 음 낙 락　　해 십 찰 이 돈 주
圓音落落하사 **該十刹而頓周**하시며

원만한 음성이 멀리 퍼지니 시방세계에 빠짐없이 두루 하였
도다.

경을 설한 근본을 밝힌 내용이다. 원만한 음성이란 한 가지 음성

가운데 일체의 음성을 다 갖춘 것을 말한다. 그래서 일체 음성이 곧 하나의 음성이다. 또 하나의 음성과 많은 음성이 걸림이 없는 것을 원만한 음성이라고도 한다.

부처님의 이와 같은 사실을 여래현상품如來現相品에서는,

"부처님이 하나의 미묘한 음성으로 연설하사
시방세계에 두루 듣게 하시며
온갖 음성이 다 구족하여
법의 비가 모두 충만하도다.

일체 말씀의 바다와
일체 종류를 따르는 음성으로
일체 부처님 세계 가운데에
청정한 법륜을 굴리도다."[8)]라고 하였다.

---

8) 佛演一妙音하사대 周聞十方刹하시며 衆音悉具足하야 法雨皆充徧이로다
　　一切言詞海와 一切隨類音으로 一切佛刹中에 轉於淨法輪이로다

주 반 중 중　　극 시 방 이 제 창
主伴重重하사 **極十方而齊唱**이로다

　주인과 벗이 중중하고 중중하여 모든 시방에서 다 같이 노래
하도다.

　경을 설한 의식을 따로 밝힌 내용이다. 경을 설할 때는 반드시
주인이 있고 벗이 있다. 곧 법을 설하는 주인과 법을 듣는 청중이
다. 보통 사람들의 설법에서도 그와 같지만 경전상에서는 모든 부
처님과 보살들이 다 주인이 있고 벗이 있어서 온 시방에서 서로서
로 바라본다. 즉 비로자나부처님이 주인이 되면 시방의 부처님이
벗이 되고, 시방의 부처님이 주인이 되면 비로자나부처님이 벗이 된
다. 또 이곳의 법혜法慧보살이 주인이 되면 시방의 법혜보살이 벗
이 되고, 시방의 법혜보살이 주인이 되면 이곳의 법혜보살이 벗이
된다.

　이와 같이 주인과 벗이 서로서로 그 역할을 바꿔 가면서 중중 중
중으로 시방세계에서 다 같이 법을 설한다. 마치 보시바라밀이 주
主바라밀이 되면 나머지 아홉 개의 바라밀은 조助바라밀이 되고, 지
계바라밀이 주바라밀이 되면 나머지 아홉 개의 바라밀은 조바라밀
이 되는 이치와 같다. 사람이 세상을 사는 일도, 언제나 주인만 될

수도 없고 언제나 손님만 될 수도 없다. 상황에 따라 원융무애하게 그 역할을 바꿔 가면서 살 줄 아는 지혜가 반드시 필요하다.

저 자연도 바람이 주인이 되면 구름이 벗이 되고 구름이 주인이 되면 바람이 벗이 되며, 비가 주인이 되면 산천초목은 벗이 되고 산천초목이 주인이 되면 비는 벗이 되어 이와 같이 서로서로 조화를 이루면서 아름다운 자연을 엮어 간다.

第五門 言該本末

말씀이 근본과 지말을 갖추었다

수 공 공 절 적   이 의 천 지 성 상   찬 연
雖空空絶跡이나 **而義天之星象**이 **燦然**이요

비록 비고 또 비어 자취가 끊어졌으나 이치의 하늘에는 온갖 별들이 찬연히 빛나도다.

화엄경의 설법은 비고 또 비어 자취가 끊어졌음을 설하였으며, 그러나 한편 이치의 하늘에는 온갖 별들이 찬연히 빛나고 있음을 설하였다.

수미정상게찬품須彌頂上偈讚品의 상相을 제거하고 이치를 나타내는 게송에,

"없는 가운데는 있다 없다 하는 두 가지가 없으며
두 가지가 없음도 또한 없음이라.

삼계 일체가 공한 것이

이것이 곧 모든 부처님의 견해이니라."[9]라고 하였다.

또 영가스님의 증도가에도,

"제행이 무상하여 일체가 공한 것이

곧 여래의 크고 원만한 깨달음이다."[10]라고 하였다.

청량스님은 "비고 또 비어 자취가 끊어졌다."라는 것은 "인연으로 생긴 법은 자성이 없으므로 텅 비었다. 다시 무슨 형상이 있겠는가. 공한 이치를 빌려서 있는 형상을 보내 버리니 있음이 가 버리고 공함도 또한 없어졌을새 그러므로 말하기를 비고 또 비었다[空空]고 한 것이다."[11]라고 하였다.

또한 금강경에도,

---

9)　無中無有二며 無二亦復無라 三界一切空이 是則諸佛見이로다

10)　諸行無常一切空 卽是如來大圓覺.

11)　緣生之法 無性故空 復有何相 借空遣有 有去空亡 故曰空空.

"만약 모든 형상을 형상이 아닌 것으로 보면 곧 여래를 본다."[12)
라고 하였다.

보통 사람들의 견해는 모든 현상을 존재한다고 보지만 연기緣起
의 법칙을 이해한 이승二乘들은 일체 현상에는 실체가 없다고 이해
한다. 그러나 보살의 견해는 저렇게 뚜렷하게 있는 현상들을 없
음으로 보면서 한편 여실히 존재하는 것으로 보아 있음과 없음에
걸리지 않는다. 그래서 일체 존재는 진공眞空이면서 묘유妙有이고
묘유이면서 진공인 것이다. 이것을 중도적 바른 견해[中道正見]라
한다.

그러므로 "이치의 하늘에는 온갖 별들이 찬연히 빛난다."고 한
것이다. 비유컨대 저 하늘은 텅텅 빈 것 같으나 수십 억의 별을 거
느린 은하수 은하가 있고, 또 그와 같은 은하 역시 수십 억이나 있
는 것과 같다.

담 담 망 언   이 교 해 지 파 란   호 한
湛湛亡言이나 而敎海之波爛이 浩瀚이로다

---

12) 若見諸相非相 則見如來.

고요하고 고요하여 말이 없으나 가르침의 바다에는 물결이 호한하도다.

참다운 이치란 본래 언어를 떠난 것이다. 그러므로 진실한 모습은 어떤 언어로도 표현되지 않는다. 그렇다고 해서 묵묵히 그냥 있을 수는 없는 것이 또한 세상사다. 그래서 묵묵히 있어도 허물이 적지 않고 말을 해도 또한 허물이 적지 않다.

십회향품十廻向品에,

"중생들의 언설과
일체 유위의 허망한 일을 취하지 않나니
비록 언어의 도를 의지하지 아니하나
또한 다시 언설이 없는 데도 집착하지 않음이로다."[13]라고 하였다.

"고요하고 고요하여 말이 없으나 가르침의 바다에는 물결이 호

---

13) 不取衆生所言說과 一切有爲虛妄事하나니 雖復不依言語道나 亦復不着無言說이로다

한하도다.”라고 한 까닭이 이것이다. 참다운 이치는 말이 없는 줄을 잘 알지만 화엄경의 말씀은 얼마나 많으며 팔만대장경의 말씀은 또한 얼마나 많은가.

그러므로 말이 있고 없음에만 걸리지 않는다면 말이 있어도 허물이 되지 않으며 말이 없어도 또한 허물이 되지 않는다. 화엄경과 같은 언어가 천만 배나 된다 한들 무슨 허물이 되겠는가.

지공(誌公, 417~514)화상 대승찬大乘讚에,

“대도大道는 항상 눈앞에 있어,
눈앞에 있지만 보긴 어렵다.
만약 도의 참된 본체를 깨닫고자 하면
소리와 물질과 언어를 제거하지 말라.

언어가 바로 대도이니
번뇌를 끊어 제거할 필요가 없다.
번뇌는 본래 텅 비고 고요하지만
망령된 생각이 번갈아 서로 얽힌다.”14)라고 하였다.

약 내 천 문 잠 주　　여 중 전 위 홍 원
若乃千門潛注라 與衆典爲洪源이요

그래서 천 가지 문으로 깊이 흘러들어 수많은 경전의 큰 근
원이 되고

"가르침의 바다에는 물결이 호한하다."라고 하였듯이 크고 넓고
호한한 화엄경의 가르침은 일대장교一代藏敎의 근본법륜根本法輪이
되어 모든 교리에 스며들지 아니함이 없다. 그래서 수많은 경전의
큰 근원이 되었다. 법화경에서는 "일불승一佛乘에서 나누어서 삼승
三乘을 설하였다."고 하였다. 일불승은 곧 삼승의 근본이며, 일불
승의 가르침이란 곧 화엄경과 법화경의 가르침을 말한다.

화엄경은 부처님이 처음 정각을 이루시고 나서 2·7(14)일에서
3·7(21)일 사이에 설해졌다고 한다. 교리상으로 최초화엄삼칠일最
初華嚴三七日이라고 하는 것이 곧 그것이다. 실로 팔만대장경의 각종
경전은 모두 화엄경을 의지하여 파생된 것이다. 비록 경전성립사적
인 입장에서는 화엄경이 불멸佛滅 6~7백 년경에 결집되었다고 하지

---

14)　大道常在目前 雖在目前難覩 若欲悟道眞體 莫除聲色言語
　　　言語卽是大道 不假斷除煩惱 煩惱本來空寂 妄情遞相纏繞.

만 언제 누구의 손에 의해 결집이 되었든, 또는 용수보살에 의하여 결집이 되었든, 화엄경을 결집하신 부처님은 세존이 정각을 이루신 후 3·7일 동안 부처님의 정각의 심경心境을 그린 것이기 때문이다.

만 덕 교 귀   섭 군 경 위 권 속
萬德交歸라 **攝群經爲眷屬**이로다

만 가지 덕이 함께 돌아옴이여, 여러 가지 경전을 거두어 권속을 삼았도다.

화엄경은 인생사나 세상사의 근본이 되는 말씀과 그 지말枝末이 되는 말씀을 다 갖추었으며, 지옥이나 아귀나 축생과 같은 중생으로부터 보살이나 부처에 이르게 하는 일체 수행의 가르침을 다 갖추었다. 그 말씀의 덕은 수천 수만 강물이 모두 바다에 돌아가는 것과 같다. 그래서 화엄경은 팔만장경의 많고 많은 일체 경전을 다 거두어서 권속으로 삼았다. 또한 후대의 모든 보살들이 저술한 일체 논서論書와 선불교禪佛敎의 모든 종장宗匠들의 많고 많은 어록들까지 화엄경의 권속으로 포섭되지 않는 것이 없다. 실로 화엄경은 큰 바다며 드넓은 하늘이다. 달리 무어라고 말하랴.

● 第六門 旨趣玄微

지취가 깊고 미묘하다

1. 이理와 사事가 걸림이 없다

1) 삼대三大를 보이다

기 위 지 야　　명 진 체 어 만 화 지 역
其爲旨也여 冥眞體於萬化之域하고

그 종지宗旨가 됨이여, 참다운 본체는 만 가지 변화의 영역에
가만히 부합하고

화엄경의 지취가 깊고 미묘하다고 한 것은 곧 법계의 지취가 깊
고 미묘하기 때문이다. 화엄경은 법계를 밝힌 말씀이므로 그 말씀
이 깊고 미묘하지 아니하면 어찌 깊고 미묘한 법계를 설명할 수 있
겠는가.

그 깊고 미묘한 법계를 설명하여 밝히는데 네 가지 법계를 들어

말하였다. 즉 이법계理法界와 사법계事法界와 이사무애법계理事無礙法界와 사사무애법계事事無礙法界가 그것이다. 화엄경은 법계 일체 존재의 깊고 미묘한 지취를 이 네 가지 법계를 들어 설명하는데 특히 사사무애법계의 이치를 자주 열거하여 설명하였다.

그리고 이理와 사事는 어떠한 관계이며, 이와 사가 걸림이 없고 사와 사가 걸림이 없다는 것은 어떤 의미인가를 아는 것이 중요하므로 역대 화엄의 종장宗匠들은 걸림이 없는 이치에 대해서 열 가지 깊은 내용을 정리하여 십현문十玄門이라는 이름으로 설명하였다.

법계의 삼대三大를 보이는데 삼대란 체대體大와 상대相大와 용대用大이다. 즉 법계의 근본취지[宗旨]에는 참다운 본체가 있고, 덕의 모습이 있고, 그 작용이 있다는 것이다.

먼저 참다운 본체[體大]란 어떤 형상도 없으나 모든 만물의 내면에 존재하여 형상이 있는 세상 만물이 천변만화하는 영역에 깊숙이 합하여 있다. 청량스님은 "참다운 본체의 소재를 알고자 하는가? 다만 현상들이 만 가지로 변화하는 가운데 있을 뿐이다."[15]라고 하였다.

---

15) 欲識眞體所在 祇在萬化之中.

또 청량스님이 인용한 원효元曉스님의 대승기신론 소疏에서 "무릇 대승大乘의 본체가 되는 것은 고요하고 텅 비어서 공적하며, 맑고 깊어서 아득하다. 아득하고 또 아득하나 어찌 만물의 밖을 벗어났겠으며, 공적하고 또 공적하나 오히려 뭇 사람들[百家]의 말 속에 있는 것이다. 만물의 밖을 벗어나지 아니했으나 육안肉眼과 천안天眼과 혜안慧眼과 법안法眼과 불안佛眼으로도 능히 그 본체를 볼 수 없고, 말 속에 있으나 진리·뜻·말씀·설법[法義辭說], 이 네 가지에 통달한 사람[四辯]도 능히 그 모습을 설명할 수 없다."16)라고 하였다.

흔히 이理라고 하는 것은 여기에서 말하는 참다운 본체이고 사事라고 하는 것은 여기에서 말하는 온갖 사물과 사물이 천변만화하는 현상들이다. 이러한 이와 사는 법계의 지취가 깊고 미묘함을 설명하는 데 계속해서 거론된다. 또 이와 사를 다른 방향으로 설명하면 이는 여자가 되고 사는 남자가 되며, 이는 마음이 되고 사는 몸이 되기도 한다. 또 이는 음이 되고 사는 양이 되며, 이는 0이 되고 사는 1이 된다. 이와 같이 세상만사는 이와 사로 설명되지 않는 것이 없다.

---

16) 原夫大乘之爲體也 蕭焉空寂 湛爾沖玄 玄之又玄之 豈出萬像之表 寂之又寂之 猶在百家之談 非像表也 五眼不能見其軀 在言裏也 四辯不能談其狀.

현 덕 상 어 중 현 지 문
顯德相於重玄之門이로다

덕의 모습[相]은 깊고 현묘한 문에 드러났도다.

법계의 상대相大인 현상을 밝혔다. 그런데 현상인 덕의 모습은 본체를 장애하지 않고 나타난다. 본체와 현상은 별개의 것이 아니라는 뜻이다. 깊고 현묘함이란 곧 이치인 본체를 말한다. 결국에는 현상도 본체에 의지하여 나타날 뿐 다른 것이 아니다. 예컨대 내면이 어떤가에 따라서 밖으로 나타나는 외형이 결정된다. 그래서 외형을 보면 내면을 알 수 있는데 다만 사람들이 욕심에 눈이 멀어서 외형을 잘 못 볼 뿐이다.

용 번 흥 이 항 여
用繁興以恒如하고

작용은 번다하게 일어나지만 항상 여여하고

법계의 용대用大인 작용을 밝혔다. 작용도 법계의 본체와 법계의 덕상德相을 떠나 있는 것이 아니다. 본체를 떠나 있는 것이 아니기 때문에 번다하게 작용하여 일어나지만 항상 여여하여 변함이 없다. 그래서 법계에는 본체와 현상과 작용이 서로 떠나 있는 것이 아니다. 예컨대 물의 젖는 성품[體]과 물의 온갖 모양[相]과 물의 갖가지 쓰임새[用]는 결국 하나다. 다른 것이 아니다. 그래서 사람이든 사물이든 물이든 법계든 체와 상과 작용, 그 무엇이든 여여할 뿐이다.

智周鑑而常靜이로다
지 주 감 이 상 정

지혜는 두루 비추지만 항상 고요하도다.

법계의 본체와 현상과 작용은 본래로 갖추고 있는 것을 밝힌 것이다. 그러나 지혜가 두루 비춘다는 것은 사람이 법계를 능히 증득하고 또한 능히 관찰하는 일이다. 지혜가 두루 비춘다는 것은 관觀이다. 항상 고요하다는 것은 지止다. 흔히 말하는 지혜의 지관止觀을 밝힌 것이다. 보통 지와 관은 불교의 중요한 수행방법으로서 어지럽게 흐트러진 망상을 쉬고[止] 마음을 한곳에 집중하여 고요하고 맑은 지혜로써 만법萬法을 비추어 보는 일[觀]이라고 알려져 있다. 그것을 지관쌍수止觀雙修, 정혜쌍수定慧雙修 또는 정혜등지定慧等持라고도 한다.

근래 한국에는 초기불교의 수행법이 많이 알려져 있어서 그것을 사마타와 위파사나라고 하며, 전통적인 간화선看話禪을 공부하는 선원에서도 많은 사람들이 정념正念 또는 마음챙김이라는 위파사나를 수행한다고 한다.

2) 진眞과 망妄이 융합하다

진 망 교 철　　즉 범 심 이 견 불 심
眞妄交徹이라 **即凡心而見佛心**이요

진眞과 망妄이 서로 사무치니 범부의 마음에 나아가서 부처의 마음을 보도다.

법계의 지취가 깊고 미묘한 점을 밝히는데 먼저 이理와 사事가 걸림이 없음을 이야기하며 삼대三大를 보였고, 다음으로는 진眞과 망妄이 융합하였음을 설한다. 진이란 참다운 것 진실한 것을 말하고, 망이란 허망한 것 거짓된 것을 말한다. 그래서 마음에도 참마음과 허망한 마음을 들어 말한다. 범부의 마음은 허망한 마음이라 하고 부처의 마음은 참마음이라고 하는데 그 두 가지 마음이 서로 사무치기 때문에 오른손과 왼손이 다르듯이 그렇게 서로 다른 것이 아니다. 범부의 마음에서 부처의 마음을 보지 범부의 마음을 떠나서 달리 부처의 마음을 보는 것은 아니다. 그래서 천하에 무도한 악인에게서도 대자대비하신 관세음보살을 보아야 한다.

사　리　쌍　수　　의　본　지　이　구　불　지
事理雙修라 依本智而求佛智로다

사事와 이理를 쌍으로 닦으니 근본지혜에 의지하여 부처의 지혜를 구하도다.

진과 망이 그렇듯이 사事와 이理도 쌍으로 닦기 때문에 사를 닦으면 이도 닦이고, 이를 닦으면 사도 닦인다. 만약 이는 닦았는데 사가 닦이지 않았다면 이를 제대로 닦지 않았으며, 사를 닦았는데 이가 닦이지 않았다면 사를 제대로 닦지 않았다는 의미이다.

즉 마음수행이 잘된 사람이라면 그 행동도 본받을 만하고 그 행동이 훌륭한 사람이라면 그의 마음은 반드시 수행이 잘된 사람이

다. 그래서 사람마다 본래로 갖추고 있는 지혜를 의지하여 수행이
원만한 뒤에 얻어지는 부처의 지혜를 구하게 되는 것이다. 이와 사
가 어찌 둘이겠으며 본래 갖춘 지혜와 닦아서 이룬 부처의 지혜가
어찌 둘이겠는가. 이理와 사事가 걸림이 없는 이치를 이와 같이 밝
혔다.

2. 사事와 사事가 걸림이 없다

1) 걸림이 없는 이유

이 수 사 변　　즉 일 다 연 기 지 무 변
理隨事變이라 **則一多緣起之無邊**이요

이理는 사事를 따라 변함이라 곧 하나와 많음이 연기함이 무
변함이요

법계의 지취가 깊고 미묘한 점을 밝히는데 먼저는 이理와 사事가
걸림이 없음을 들었고, 다음으로는 사事와 사事가 걸림이 없음을
밝힌다. 먼저는 걸림이 없는 이유를 들었고, 다음은 걸림이 없는

모양을 밝힌다.

걸림이 없는 이유로서 이理가 사事를 따라 변한다는 것을 세상사의 예를 들어 설명하면 사찰에는 이판理判이 있고 사판事判이 있다. 사찰의 행정이나 살림살이를 맡아서 그 소임을 다하는 사람을 사판이라 하고 경전을 공부하거나 참선이나 염불을 위주로 하는 사람들을 이판이라 한다. 이판들은 사판을 만나서 그의 능력과 지위를 잘 활용하면 이판으로서의 부족한 면을 보완하여 자신을 마음껏 변화시킨다. 그래서 그의 삶이 윤택하고 이름도 빛난다. 그러나 사판을 제대로 만나지 못한 이판은 아무리 능력이 있고 실력이 있다 하더라도 밖에서는 알아 줄지 몰라도 그의 삶은 언제나 곤고하다. 시기와 질투의 대상이 될 뿐이다. 이것이 이理가 사事를 따라 변하는 도리이다.

남자와 여자의 이치도 그와 같다. 남자는 여자를 잘 만나면 여자의 내조에 의지하여 크게 성공할 수 있으며, 여자도 남자를 만나는 데 따라 왕비가 될 수도 있고 일개 시골 농부의 아내나 거지의 아내가 될 수도 있는 것과 같은 이치이다.

하나와 많음이 연기함이 무변하다는 것은 하나 가운데 일체가 있어서 하나가 곧 일체이고 일체가 곧 하나라는 것이다. 예컨대 하나의 먼지 속에 시방세계가 있고 일체의 먼지 속에도 다 또한 그와 같다. 우주법계의 일체 존재는 본래로 이와 같은 관계로 구성되어 있어서 사事와 사事가 걸림이 없다고 하는 것이다. 실로 천변만화가 만인의 일상에서 벌어지는 일이다.

사 득 이 융　　즉 천 차 섭 입 이 무 애
事得理融이라 **則千差涉入而無礙**로다

사事는 이理를 얻어서 원융함이라 곧 천 가지 차별에 들어가도 걸림이 없도다.

앞에서 설명하였듯이 이理는 사事를 따라 변화무궁하고, 사事는 이理를 얻어서 원융하여진다. 즉 사판은 실력이 있는 이판을 만나서 잘 활용한다면 그 삶이 상당히 원융하여지고 부족한 점이 크게 보완된다. 그래서 어떤 인사는 그 이판을 크게 대접하면서 다른 곳에 눈을 돌리지 못하도록 항상 지키고 관리 감독한다.

어떤 성공한 기업가가 있었는데 그는 크게 배우지는 못하였으나 많이 배운 사람들을 자신의 주위에 많이 모시면서 그들의 조언을 듣고 참고하여 크게 성공할 수 있었다는 예가 곧 그것이다. 이것이 사事는 이理를 얻어서 원융하여진다는 뜻이다. 배우지 못하고 무식

한 것을 어찌 근심하고 걱정하겠는가. 많이 배우고 많이 아는 사람을 잘 활용하기만 하면 되는 것을.

2) 걸림이 없는 모양

(1) 모든 법이 상즉상입하며 자유자재한 이치
　　[諸法相卽自在門]

　　　고 득 십 신 역 연 이 상 작　　　육 위 불 란 이 갱 수
　　故得十身歷然而相作하고 **六位不亂而更收**로다

　그러므로 열 가지 몸이 분명하고 또렷하나 서로서로 이루고, 여섯 가지 지위가 어지럽지 아니하나 새롭게 거두어 정리하였도다.

　법계의 지취가 깊고 미묘한 점을 밝히는데 먼저는 이理와 사事가 걸림이 없음을 들었고, 다음으로는 사事와 사事가 걸림이 없음을 밝히는데 이 사와 사가 걸림이 없는 모양을 화엄경에서는 가장 깊고 현묘한 이치라고 하여 당나라 화엄 2조 지상지엄(至相智儼, 602~668)스님이 특별히 열 가지로 표현하였다. 그것을 십현무애十玄無礙

라 하고, 십현문十玄門 또는 십현연기무애법문十玄緣起無礙法門이라고
도 한다.

　십현문에는 고古십현과 신新십현이 있다. 지상스님이 먼저 세운
것을 고십현이라 하고 후대의 화엄 3조 현수법장(賢首法藏, 643~ 712)
스님이 약간 달리한 것을 신십현이라 한다. 청량스님은 고십현을
인용하여 설명하였다.

　십十은 화엄경에서 항상 그렇듯이 만수滿數를 뜻하고, 현玄은 심
현深玄하다는 뜻이며, 연기는 사사무애연기事事無礙緣起의 법문이라
는 뜻이다. 모든 현상은 각 현상마다 서로 원인이 되고 결과가 되
면서 밀접하게 융합을 유지하고 있다는 사사무애연기의 특징적인
모습을 열 가지로 나누어 설명한 것이 십현연기무애법문十玄緣起無
礙法門이다. 청량스님은 이 서문에서 특별히 역점을 두고 아름다운
비유를 들어 가며 설하였다. 그리고 더 깊은 설명은 현담懸談의 의
리분제義理分齊 장에서 이야기하겠다고 하였다.

　십현문의 첫 번째는 제법상즉자재문諸法相卽自在門으로서 모든 현
상의 법이 상즉상입相卽相入하며 자유자재하게 걸림 없이 존재한다
는 이치이다. 이러한 이치를 청량스님은 "열 가지 몸이 분명하고 또
렷하나 서로서로 이루고, 여섯 가지 지위가 어지럽지 아니하나 새

롭게 거두어 정리하였도다."라고 하였다.

열 가지 몸[十身]이란 중생신·국토신·업보신·성문신·벽지불신·보살신·여래신·지신智身·법신·허공신이다. 이러한 열 가지의 각각 다른 몸을 한 사람이 다 갖추고 있어서 원융함[圓融門]을 보이지만, 또한 펼쳐 놓은 입장[行布門]에서는 분명하고 또렷하게 따로따로 서로 나타내 보이는 일이 걸림이 없다는 뜻이다. 어찌 열 가지 몸뿐이겠는가. 3천 가지의 몸도 그와 같다.

육위六位란 십주·십행·십회향·십지·등각·묘각을 말한다. 이 여섯 가지의 보살수행 지위가 펼쳐 놓은 입장[行布門]에서는 어지럽지 아니하여 그 단계가 분명히 있지만, 원융한 입장[圓融門]에서는 한 사람이 여섯 가지 지위뿐만 아니라 52위의 단계까지도 다 갖추고 있다는 뜻이다. 역시 모든 법은 상즉상입하여 걸림이 없는 이치이다.

(2) 넓음과 좁음이 자유자재하여 걸림이 없는 이치
[廣狹自在無礙門]

광 대 즉 입 어 무 간　　진 모 포 납 이 무 외
廣大卽入於無間이요 **塵毛包納而無外**로다

광대함은 곧 사이가 없는 데까지 들어가고, 먼지와 터럭은 밖이 없는 것까지 에워쌌도다.

십현문의 두 번째는 넓음과 좁음이 자유자재하여 걸림이 없는 이 치로서 광협자재무애문廣狹自在無礙門이다. 세상에서는 기본적인 물 질을 구성하는 가장 작은 단위를 예전에는 원자原子라고 하였다. 화학적 방법으로는 더 이상 나눌 수 없는 물질의 기본단위라는 뜻 이다. 그러나 지금에는 과학적 기술이 발달함에 따라 원자를 여러 번 쪼개어 여러 가지의 이름으로 불린다. 그러나 설사 지금까지의 가설로서 물질의 최소단위인 '쿼크'라 하더라도 아직도 쪼갤 여지 는 얼마든지 남아 있다. 가장 작은 물질을 불교에서는 허공과 가 까운 먼지라고 하여 인허진隣虛塵이라고 부른다.

저 드넓은 우주가 더 이상 쪼갤 공간이 없이 작은 것[無間]에 들어 가도 여지가 있고, 또 아주 작은 미세먼지는 크고 커서 더 이상 바 깥이 없는 우주를 다 에워싸고도 남는다. 이 얼마나 자유자재한 이치인가. 이것이 넓음과 좁음이 자유자재하여 걸림이 없는 이치이 다. 세상사 모든 것이 이미 그렇게 존재하고 있는 것을 깨달음의 안목으로는 환하게 보아 알고 있다. 보통의 사람들도 그렇게 살 고 있으나 다만 그것을 모를 뿐이다.

(3) 미세하게 서로서로 용납하면서 안립하는 이치
　　[微細相容安立門]

병 연 제 현　　유 피 개 병
炳然齊現은 **猶彼芥瓶**이요

환하게 함께 다 나타남은 마치 겨자씨를 담은 유리병과 같고

십현문의 세 번째는 미세하게 서로서로 용납하면서 안립하는 이 치이다. 이 세상의 모든 존재는 태양이 크게 보이고, 달이 크게 보이고, 지구가 크게 보이고, 산하대지가 크게 보이지만 실은 아주 작은 미세한 원자들로 구성되어 있다. 물질의 근본이 되는 입자로서 원자라고 하지만 그 원자도 실은 더 많은 미세한 것들의 여러 개로 이루어져 있다. 지금까지 알고 있는 바로는 가장 작은 물질의 단위를 '쿼크'라고 부르는, 그와 같이 더 이상 나눌 수 없이 작은 것들이지만 그것들은 하나하나가 침범하지도 않고 다투지도 않고 부정하지도 않으면서 아주 미세하게 안존하고 안립하여 있다.

그러한 이치를 비유하자면 청량스님은 "환하게 함께 다 나타남은 마치 겨자씨를 담은 유리병과 같다."고 하였다. 이 세상에 존재하는 모든 것들은 비유하자면 마치 맑은 유리병 속에 아주 작은

겨자씨를 가득 담아 놓고 보면 겨자씨 하나하나가 또렷또렷하여 헝클어지거나 흐리지 않고 분명하고도 선명하게 함께 다 잘 나타나 있는 것과 같이 서로서로 장애하거나 방해하지 않고 걸림이 없이 원융무애하게 존재한다고 하였다.

(4) 동시에 구족하며 서로서로 상응하는 이치
[同時具足相應門]

具足同時는 方之海滴이로다
구 족 동 시　　방 지 해 적

동시에 구족한 것은 바닷물의 물방울과 같도다.

십현문의 네 번째는 동시에 구족하며 서로서로 상응하는 이치로서 이 세상의 모든 존재는 범부의 안목으로는 시간적으로나 공간적으로나 각각 독립해서 따로 존재하는 것으로 보이지만 깨달은 사람의 눈으로는 너와 내가 같은 시간에 같은 장소에서 걸림이 없이 함께 존재하고 있다는 이치이다. 예컨대 갑이라는 사람이 어느 시간 어느 장소에 있다 하더라도 그 한 사람은 과거 선조들의 온갖 인연과 과보와 수많은 정보를 모두 함유하고 있다. 또한 미래 그의 자손들의 숱한 흥망성쇠까지도 이미 다 함유하고 있다. 어느 특정한 사람만이 그와 같은 것이 아니라 모든 사람들이 다 그와 같다.

이와 같이 이 지구상에 있는 그 어떤 사물이든 지구 45억 년의 역사와 우주 137억 년의 역사와 정보를 모두 다 함유하고 있다. 어느 특정한 사물만 그와 같은 것이 아니라 일체 사물이 다 그와 같다. 그래서 비유하자면 "한 방울의 바닷물에 수천 수만 강물의 내용이 동시에 다 포함되어 있다."고 한 것이다.

(5) 하나와 많음이 서로 수용하면서 같지 아니한 이치
　　[一多相容不同門]

　　　일 다 무 애　　등 허 실 지 천 등
　　一多無礙는 等虛室之千燈이요

하나와 많음이 걸림이 없는 것은 텅 빈 방에 천 개의 등불을 밝힘과 같도다.

십현문의 다섯 번째는 하나와 많음이 서로 수용하면서 같지 아니한 이치이다. 사람을 위시하여 세상의 온갖 존재는 많고 많은 개체들로 구성되었는데 그 모든 개체들은 서로서로 수용하면서 하나를 들면 많은 것이 딸려오고 많은 것을 들면 하나가 딸려온다. 그러면서 서로서로 섭입涉入하여 수용하면서 걸림이 없이 존재하는 것을 밝혔다. 그러나 뒤섞이지 아니하고 부정하지 아니하면서 독립되어 있다.

이와 같은 이치를 청량스님은 "하나와 많음이 걸림 없이 존재하는 것이 마치 텅 빈 방에 일천 개의 등불을 밝혔는데 천 개의 등불에서 비추는 그 빛은 천 개이면서 서로서로 수용하여 부정하지 않고 조화를 이루면서 더욱 밝게 비추는 것과 같다."고 하였다.

모든 인생사와 세상사가 본래로 이와 같이 존재하는 이치라는 것이다. 사람들이 이와 같은 존재의 이치를 깨달아 다투지 않고, 질투하지 않고, 무시하지 않고, 서로 도우며 조화롭고 원융무애하게 걸림 없이 사는 것이 바른 삶의 길이다.

(6) 비밀하게 숨고 나타남이 함께 성립하는 이치
[秘密隱顯俱成門]

은 현 구 성   사 추 공 지 편 월
隱顯俱成은 似秋空之片月이로다

숨고 나타남이 함께 성립됨은 가을 밤하늘의 반달과 같도다.

십현문의 여섯 번째는 비밀하게 숨고 나타남이 함께 성립하는 이치이다. 세상에 존재하는 모든 것은 현재 눈앞에 드러나서 누구나 알 수 있는 부분이 있는 반면 반대로 숨어서 드러나지 않는 부분도 적지 않다. 그래서 비밀스럽게 숨어서 드러나지 않는 부분과 나타나 있는 부분이 함께 존재하면서 걸림이 없이 원융무애하다는 이치를 밝혔다. 이러한 이치를 청량스님은 비유하기를 "마치 가을 하늘에 떠 있는 반달과 같다."고 하였다. 반은 숨어 있고 반은 나타나 있는 모습이지만 달의 본래 모습은 변함이 없다. 법계무진연기의 이치를 어쩌면 이렇게도 아름답게 표현하였는가. 참으로 만고에 다시없을 천하의 명문이로다.

어떤 사건이나 사물이나 사물의 기능이나 사람의 마음 씀씀이나 행동거지 일체가 모두 반은 드러나고 반은 감춰져 있다. 그러면서 원융하여 걸림이 없다. 이와 같은 이치를 깨달아 이렇게 보고 이렇게 사는 것이 사람의 본래의 모습이다.

(7) 인다라그물과 같은 경계의 이치[因陀羅網境界門]

중 중 교 영　　약 제 망 지 수 주
重重交映은 **若帝網之垂珠**요

거듭거듭 서로 비춤은 제석천그물에 드리운 구슬과 같도다.

십현문의 일곱 번째는 이 세상과 우주만유는 어떤 존재든지 낱낱이 서로서로 연기적 관계를 이루고 있어서 독립된 것이 아니라는 이치를 밝혔다. 마치 인다라그물에 달린 무수한 구슬들이 그 빛을 서로서로 비추면서 걸림 없이 안립하여 있는 것과 같다는 것이다.

인다라그물[因陀羅網]은 또는 제망帝網이라고 하며 제석천에 있는 보배 그물을 말한다. 낱낱의 그물코마다 보배 구슬을 달았고 그 보배 구슬의 한 개 한 개마다 각각 다른 낱낱의 보배 구슬 영상影像을 나타내고 있는데 한 보배 구슬 안에 나타나는 일체 보배 구슬의 영상마다 또 다른 일체 보배 구슬의 영상이 나타나서 중중무

진重重無盡하게 되었다고 한다.

(8) 십세가 나눠지고 다르게 성립하는 이치[十世隔法異成門]

염 념 원 융　　유 석 몽 지 경 세
念念圓融은 **類夕夢之經世**로다

순간순간에도 원융함은 저녁 꿈에 지나가는 세월과 같도다.

십현문의 여덟 번째는 십세가 나눠지고 다르게 성립하는 이치를
밝혔다. 불교에서 말하는 시간성의 문제는 십세十世를 말하는데 먼
저 과거와 현재와 미래인 삼세를 나누고, 다시 과거에도 삼세가 있
고 현재에도 삼세가 있고 미래에도 삼세가 있어서 구세가 된다. 이
와 같은 구세를 총괄하는 현전 일념이 있으므로 모두 십세라 한
다. 그러나 이와 같이 십세를 나누어서 서로 다르게 성립하여도 이
십세는 서로서로 자유자재하게 원융하여 걸림이 없이 상즉상입
相卽相入하는 이치이다.
　청량스님은 모든 시간이 한순간 한순간이면서 원융하여 걸림이
없는 것이 마치 저녁에 꿈을 꿀 때 1분이나 1초 동안의 짧은 꿈이

지만 며칠을 지나기도 하고 몇 년을 지나기도 하고 수십 년의 생을 지나기도 하는 것과 같다고 하였다. 법성게에 "구세와 십세가 서로서로 연결되어 있어서 원융하고 걸림이 없다."[17]고 하였다.

이러한 이치는 누구나 경험하는 일이지만 우리나라에서 특히 유명한 꿈으로는 삼국유사에 조신調信스님의 이야기가 있다. 조신스님은 신라 스님으로서 세달사(뒤에 흥교사)의 승려였다. 명주 날리군에 있는 농장을 관리하는 지장知莊 소임을 맡아 갔다가, 군수 김흔金昕의 딸을 보고 반하여 낙산사 대비상大悲像 앞에 가서 만나게 되기를 수년 동안 기도하였다. 그러나 그녀가 이미 출가하여 자기의 소원이 이루어지지 못하게 된 것을 원망하며 불당 앞에서 울며 호소하다가 날이 저물고 지쳐서 잠깐 졸았다. 뜻밖에 그녀가 와서 "스님을 뵙고 항상 그리워하였으나 부모의 명으로 할 수 없이 시집을 갔습니다. 하지만 이제 스님과 함께 살고자 왔습니다."라고 말하였다.

조신은 그녀를 데리고 고향으로 가서 40여 년을 살면서 다섯 남매를 낳았다. 살림이 구차하여져서 사방으로 떠돌아다니면서 10

---

17)　九世十世互相卽.

년 동안 걸식하다가 명주 해현령에서 15세 된 큰 아들이 굶어 죽자 길가에 묻고, 우곡현에 가서 큰길가에 오막집을 짓고 머물렀다. 이 부부가 늙고 병들어 걸식도 할 수 없어지자, 10세 되는 딸이 밥을 빌러 다니다가 개에게 물려 돌아와 앞에 쓰러져 운다. 부부도 함께 통곡하다가 마침내 아내가 눈물을 씻고 "내가 당신을 처음 만났을 때에는 나이는 젊고 얼굴도 아름다웠습니다. 50년 동안 고락을 같이하였으나 이제는 늙고 병들어 빌어먹기도 어렵고 자식들은 헐벗고 굶주려 어찌할 수 없으니, 부부가 함께 다니면서 고생하는 것보다는 헤어져서 따로 살아 나갈 길을 찾는 것이 좋겠소."라고 말하였다. 그리하여 부부가 아이를 둘씩 나누어 데리고 남북으로 길을 떠나려 하다가, 문득 깨어 보니 한동안의 꿈이었다.

하룻밤 사이에 머리가 세고 세상 생각이 허망하게 사라지자 대비상大悲像 앞에 나아가서 무수히 참회하고, 해현령에 묻은 아이를 파 보니 석미륵상石彌勒像이 나왔다. 근처의 절에 모시고, 돌아가서 지장知莊의 책임을 사퇴하고, 정토사를 짓고 정업淨業을 부지런히 닦았다고 한다.

(9) 사물에 기탁하여 법을 나타내고 이해를 내는 이치

[託事顯法生解門]

법문중첩　약운기장공
法門重疊은 **若雲起長空**이요

법문이 중첩함은 드넓은 하늘에 구름이 일어나는 것과 같도다.

　십현문의 아홉 번째는 사물에 기탁하여 법을 나타내고 이해를 내는 이치인데 하나하나의 사물이나 하나하나의 사건에는 무궁무진한 법의 이치가 포함되어 있어서 사람들로 하여금 무한한 깨달음과 이해를 내게 한다. 청량스님은 하나하나의 사물과 하나하나의 사건에서 법문을 중중첩첩으로 보여 주는 것은 마치 여름날 드넓은 하늘에서 구름이 뭉게뭉게 일어나는 모습과 같다고 하였다.
　화엄경의 법문도 또한 그 이치와 같이 설하여졌다. 법문을 듣는 대중들도 한 보살이 등장하면 열 명의 보살이 따르고, 하나의 게송이 설해지면 반드시 열 개의 게송이 뒤를 따라 법문을 풍성하게 한다. 이세간품에서는 한꺼번에 2백 가지의 질문을 하면 2천 가지의 답을 쏟아 낸다. 운흥이백문雲興二百問에 병사이천답瓶瀉二千答이라는 것이 그것이다.

(10) 모든 법이 순수하고 뒤섞이며 덕을 갖춘 이치

[諸藏純雜具德門]

만 행 분 피   비 화 개 금 상
萬行芬披는 比華開錦上이로다

만 가지 수행을 아름답게 펼침은 비단 위에 꽃무늬를 새김과
같도다.

십현문의 열 번째는 고古십현에서는 "모든 법이 순수하고 뒤섞이
며 덕을 갖춘 이치"라고 하였는데 화엄 3조 현수스님의 신新십현에
서는 광협자재무애문廣狹自在無礙門이라고 하였다. 또는 주반원명구
덕문主伴圓明具德門이라고도 하였다. 넓고 좁은 것이 자유자재하여
걸림이 없는 이치라는 뜻이다. 뒤섞인 것은 넓음과 같고 순수한 것
은 좁음과 같다. 뒤섞임과 넓음이 육바라밀이나 십바라밀이나 일
체 모든 수행 방법을 함께 닦는 것이라면 순수함과 좁음은 한 가
지 수행만을 닦는 것을 말한다. 어떠한 방법이든지 모두가 걸림
이 없으며 원융하고 무애한 이치이다.

예컨대 보시가 주主바라밀이라면 나머지 아홉 가지 바라밀은 반
伴바라밀이 되어서 서로 도우며 수행을 원만하게 한다. 다음 지계

바라밀이 주가 되면 다시 나머지 아홉 가지 바라밀은 반이 되어 수행을 걸림이 없이 원만하게 하는 이치이다. 이와 같이 모든 수행이 주가 되고 반이 되면서 수행의 덕을 원만히 갖추게 되는 것이다.

　이러한 이치를 청량스님은 "만 가지 수행을 아름답게 펼침은 비단 위에 꽃무늬를 새김과 같도다."라고 하였다. 비단도 아름다운데 그 위에 아름다운 꽃무늬를 새겨 두면 더욱 화려하다. 이를테면 보시라는 한 가지 수행으로도 훌륭한데 그 외에 온갖 만행, 즉 지계와 인욕과 정진과 선정과 지혜를 겸하여 닦는다면 훨씬 돋보이고 거룩해 보인다. 그래서 한 가지 수행과 다른 온갖 수행이 서로 도우며 방해되지 아니하고 걸림이 없이 자유자재하다.

● 第七門 成益頓超

이익을 이룸이 몰록 뛰어넘다

약 부 고 불 가 앙　　즉 적 행 보 살　　폭 시 린 어 용 문
若夫高不可仰이라 **則積行菩薩**도 **曝腮鱗於龍門**이요

높아서 가히 우러러보지 못함은 수행을 많이 쌓은 보살도 용
문龍門에 뛰어오르다가 떨어지는 물고기여라.

　불교의 가르침에는 인격을 향상시키는 일, 즉 어리석은 범부 중
생에서 일체 지혜를 갖추고 만행 만덕을 갖춘 부처님의 경지에 이
르기까지의 단계를 중생들의 근기나 시대적 상황에 따라 경전마다
다르게 설정하여 두었다.

　초기불교경전에서는 대개가 수다원·사다함·아나함·아라한,
이러한 네 가지 단계를 설정하였으나 대승경전이나 특히 화엄경에
서는 원융하여 걸림이 없는 입장에서 다시 52단계를 설정하여 십신
·십주·십회향·십지·등각·묘각까지를 펼쳐 보였다. 그러면
서 한편 일체 단계를 하나의 단계로 삼아 한번 뛰어서 여래의 경지

에 들어간다고도 하며, 또한 처음 발심한 때가 곧 정각을 이룬 경지라고도 하였다. 그것을 "이익을 이룸이 몰록 모든 단계를 뛰어넘다[成益頓超]."라고 한 것이다.

그래서 화엄경의 가르침이 높고 깊음을 나타내는 입장에서는 "높아서 가히 우러러보지 못함은 수행을 많이 쌓은 보살도 용문에 뛰어오르다가 떨어지는 물고기여라."라고 하였다. 화엄경의 가르침은 깨달은 바대로 설한 가르침, 즉 여증이설如證而說이기 때문에 설사 평소에 수행을 많이 쌓은 대승보살이라 하더라도 그 경지가 너무나 높아서 우러러보지 못한다고 하였다.

여래출현품에 "설사 보살이 한량없는 백천만억 나유타 겁 동안 육바라밀을 행하고 가지가지 보리분법을 닦더라도 만약 이 여래의 부사의한 대위덕 법문을 듣지 못하거나 혹 듣더라도 믿지 못하고, 이해하지 못하고, 수순하지 못하고, 들어가지 못하면 능히 진실한 보살이라고 이름할 수 없으니 여래의 집에 태어날 수 없기 때문이니라. 만약 이 여래의 한량없고 부사의한 무장무애 지혜 법문을 듣고, 믿고, 이해하고, 수순하고, 깨달아 들어가면 마땅히 알아라. 이 사람은 여래의 집에 태어나는 것이니라."[18]라고 하였다.

비유를 들어 이렇게 말하였다. "마치 물고기가 용문龍門을 뛰어 넘으면 곧바로 용으로 화하여 등천昇天하는데 그 용문을 뛰어오르다가 뺨과 비늘만 햇볕을 쬐고 다시 떨어지는 물고기 신세와 같을 따름이다."

심 불 가 규   즉 상 덕 성 문   두 시 청 어 가 회
深不可闚라 **則上德聲聞**도 **杜視聽於嘉會**로다

깊어서 가히 엿보지 못함은 덕이 높은 성문들도 보고 듣는 것이 아름다운 법회에 막혔도다.

또 화엄경의 경지는 깊고 깊어서 덕이 높은 성문들도 아름다운 모임인 화엄경 법회가 있다는 소문만 들었을 뿐 어떤 사람들이 모였으며 어떤 내용의 법문이 설해지는지 알 수 없었다. 입법계품의 서두에 오백 명의 성문대중이 등장하는데 그분들의 덕을 열 가지로 찬탄하는 내용이 있다.

---

18) 出現品云 '設有菩薩於無量百千億那由他劫行六波羅蜜 修習種種菩提分法 若未聞此 如來不思議大威德法門 或時聞已不信不解不順不入 不得名為眞實菩薩 以不能生如 來家故. 若得聞此如來無量不思議無障無礙智慧法門 聞已信解隨順悟入 當知此人生 如來家等.'

"그들은 모두 진제眞諦를 깨달았고 실제實際를 증득했으며, 법의 성품에 깊이 들어가 영원히 있음의 바다에서 벗어났습니다. 부처님의 공덕을 의지하여 얽매임과 부림을 당함과 속박[結使縛]을 떠났습니다. 걸림 없는 곳에 머물러 그 마음이 고요하기가 허공과 같습니다. 부처님의 처소에서 의혹을 아주 끊고 부처님의 지혜 바다에 깊은 믿음으로 들어갔습니다."[19]라고 하였다.

사리불과 대목건련과 마하가섭과 수보리와 가전연과 부루나 등이와 같이 널리 알려진 큰 성문 제자들은 위와 같은 덕을 갖추었으나 화엄경에서 말하는 불보살들의 경지와는 하늘과 땅의 차이를 보이고 있다.

그래서 여래의 경계를 보이는 경문에서 "그러나 모두 여래의 신통한 힘과 여래의 잘생긴 모습과 여래의 경계와 여래의 유희와 여래의 신통변화와 여래의 높으심과 여래의 묘한 행과 여래의 위덕과 여래의 머물러 지니심과 여래의 청정한 세계들을 보지 못하였습니다."[20]

---

19) 及與五百聲聞衆으로 俱하시니 悉覺眞諦하며 皆證實際하며 深入法性하며 永出有海하며 依佛功德하며 離結使縛하며 住無礙處하며 其心寂靜이 猶如虛空하며 於諸佛所에 永斷疑惑하며 於佛智海에 深信趣入하나니라
20) 皆悉不見如來神力과 如來嚴好와 如來境界와 如來遊戲와 如來神變과 如來尊勝과 如來妙行과 如來威德과 如來住持와 如來淨刹하나니라

라고 하였다.

 다시 또 보살의 경계에 대해서는 "불가사의한 보살의 경계와 보살의 대회와 보살의 두루 들어감과 보살의 널리 모여 옴과 보살의 널리 나아감과 보살의 신통변화와 보살의 유희와 보살의 권속과 보살의 방소方所와 보살의 장엄한 사자좌와 보살의 궁전과 보살의 계신 곳과 보살의 들어간 삼매의 자재함과 보살의 관찰과 보살의 기운 뻗음과 보살의 용맹과 보살의 공양과 보살의 수기 받음과 보살의 성숙함과 보살의 용건함과 보살의 청정한 법신과 보살의 지혜의 몸이 원만함과 보살의 원하는 몸으로 나타남과 보살의 육신을 성취함과 보살의 모든 모습이 구족히 청정함과 보살의 항상 있는 광명이 여러 빛으로 장엄함과 보살이 놓는 큰 광명의 그물과 보살이 일으키는 변화하는 구름과 보살의 몸이 시방에 두루 함과 보살의 행이 원만함을 보지 못하였습니다. 이와 같은 일들을 모든 성문 큰 제자들이 다 보지 못하였습니다."[21] 라고 하였다.

---

21) 亦復不見不可思議菩薩境界와 菩薩大會와 菩薩普入과 菩薩普至와 菩薩普詣와 菩薩神變과 菩薩遊戲와 菩薩眷屬과 菩薩方所와 菩薩莊嚴師子座와 菩薩宮殿과 菩薩住處와 菩薩所入三昧自在와 菩薩觀察과 菩薩頻申과 菩薩勇猛과 菩薩供養과 菩薩受記와 菩薩成熟과 菩薩勇健과 菩薩法身淸淨과 菩薩智身圓滿과 菩薩願身示現과 菩薩色身成就와 菩薩諸相具足淸淨과 菩薩常光衆色莊嚴과 菩薩放大光網과 菩薩起變化雲과 菩薩身徧十方과 菩薩諸行圓滿하나니라 如是等事를 一切聲聞諸大弟子가 皆悉不見하나니라

견문위종　　팔난　　초십지지계
見聞爲種이라 **八難**에 **超十地之階**하고

보고 듣는 것이 종자가 됨이라, 팔난八難에서도 십지十地의 단
계를 뛰어넘고

화엄경의 가르침에 의지하여 이익 이룸을 밝힌 내용 중에 보고
들음에 대한 이익을 밝힌 내용이다. 팔난八難이란 부처님을 만나지
못하고 정법을 듣지 못하는 여덟 가지의 난難이다. 곧 지옥·축생·
아귀·너무 오래 산다는 장수천·귀머거리와 장님·너무 풍요롭
게 잘 산다는 북울단월北鬱單越·세상 지혜가 너무 똑똑하다는 세
지변총世智辯聰·불법 이전과 불법 이후 등이다. 이러한 데 처한 중
생들은 일반 불교에서는 불교의 정법을 만나지 못한다고 하지만
화엄경의 이치로는 화엄경을 보거나 듣기만 해도 보살 수행의 최고
단계인 십성十聖에 해당하는 십지十地를 뛰어넘는다고 한 것이다. 이
얼마나 위력이 뛰어난 경전인가.

전하는 바에 의하면 "대방광불화엄경"이라고 부르는 소리를 축
생이 한번 듣고는 그 위신력과 공덕으로 축생의 업을 소멸하고 인
도환생人道還生하였다는 기록이 전한다. 그래서 불자들은 길을 가
다가도 축생을 만나면 "대방광불화엄경"이라고 일러 주고 그 소리

를 들은 공덕으로 축생의 과보를 면하게 한다. 어찌 여덟 가지 어려움에 처하였으나 화엄경을 듣고 십지의 단계를 뛰어넘는 것뿐이겠는가.

해 행 재 궁　　　 일 생　　 원 광 겁 지 과
解行在躬이라 **一生**에 **圓曠劫之果**로다

이해와 실천이 일신一身에 있음이라, 일생에 광겁의 불과佛果를 원만히 이루었도다.

화엄경의 가르침에 의지하여 이익 이룸을 밝힌 내용 중에 이해와 실천에 대한 이익을 밝힌 내용이다. 불교의 어떤 가르침에는 몇 생 동안 수행을 꾸준히 하여 천상에 태어나서 다시는 이 세상에 돌아오지 않는다[不來]고 하거나, 천상에 다녀온 뒤에 겨우 소승의 최고 과위인 아라한의 과위를 성취한다고 하며, 또는 3아승지 겁劫이라는 무수한 세월을 쉬지 않고 수행을 쌓아야 겨우 성불에 이른다는 학설도 있다. 그러나 화엄경의 가르침은 그것과는 전혀 달라서 그와 같은 오랜 세월에야 이룰 수 있다는 불과佛果를 단 일생에 원만히 성취한다고 하였다.

그와 같은 사실들을 화엄경 제78권에서 선재동자의 수행을 다른 보살들과 비교하여 찬탄하면서 이렇게 설하였다.

"여러 어지신 이들이여, 다른 보살들은 한량없는 백천만억 나유타 겁을 지내고 나서야 비로소 능히 보살의 원과 행을 만족하며, 능히 모든 부처님의 보리에 친근합니다. 이 장자의 아들[선재동자]은 한평생 동안 능히 부처님 세계를 깨끗이 하고, 능히 중생을 교화하고, 능히 지혜로써 법계에 깊이 들어가고, 능히 모든 바라밀다를 성취하고, 능히 일체 모든 행을 넓히고, 능히 모든 큰 서원을 원만하게 하고, 능히 모든 마의 업에서 뛰어나고, 능히 모든 선지식을 섬기고, 능히 모든 보살의 도를 청정히 하고, 능히 보현의 모든 행을 구족하였습니다."[22]

실로 선재동자는 매우 특별하다. 다른 보살들은 한량없는 백천만억 나유타 겁을 지낸 뒤에야 비로소 보살의 원과 행을 만족하며 모든 부처님의 보리에 친근하지만 선재동자는 그렇지 않다. 단 일

---

[22] 諸仁者야 餘諸菩薩은 經於無量百千萬億那由他劫하야사 乃能滿足菩薩願行하며 乃能親近諸佛菩提어늘 此長者子는 於一生內에 則能淨佛刹하며 則能化衆生하며 則能以智慧로 深入法界하며 則能成就諸波羅蜜하며 則能增廣一切諸行하며 則能圓滿一切大願하며 則能超出一切魔業하며 則能承事一切善友하며 則能淸淨諸菩薩道하며 則能具足普賢諸行이로다

생에 그 모든 불법을 다 수행하여 마쳤다. 즉 돈오돈수頓悟頓修라고나 할까. 실은 그 어떤 위대한 불법도 처음부터 자신의 진여생명 속에 다 갖춰져 있기 때문에 가능한 일이다.

사 자 분 신   중 해 돈 증 어 임 중
獅子奮迅에 衆海頓證於林中이요

사자가 맹렬한 기세로 일어나는 삼매에 들자 대중들은 서다림에서 몰록 증득하였도다.

화엄경의 가르침에 의지하여 이익 이룸을 밝힌 내용 중에 몰록 깨닫는 이익을 밝힌 내용이다. 입법계품 초에 "세존이 사자가 맹렬한 기세로 일어나는 것과 같은 삼매, 즉 사자분신삼매獅子奮迅三昧에 들자 일체 세간이 널리 청정하게 장엄하여지고 대장엄누각은 별안간에 끝닿은 데 없이 크게 넓어졌으며, 금강으로 땅이 되고, 큰 보배 구슬로 위에 덮이었고, 한량없는 보배 꽃과 모든 마니보배들을 가운데 널리 흩어서 곳곳에 가득하였으며, 유리로 기둥이 되었는데 여러 가지 보배가 합하여 만들어졌으며, 크게 빛나는 마니로 장엄하였습니다."[23]라고 하였다.

또 화엄경 서두에는 부처님이 정각을 이루고 나니 금강으로 땅이 되고[世尊始成正覺 其地堅固 金剛所成], 온갖 누각과 사자좌와 궁전 등이 이루 다 헤아릴 수 없이 아름답고 화려하게 장엄이 되었다고 하였다. 여기에서는 세존이 사자분신삼매에 드시고 나니 누각이 이와 같이 홀연히 변하여 가지가지로 장엄이 되었다.

이와 같이 세존이 사자분신삼매에 들자 시방에서 모여 온 바다와 같이 많고 많은 보살 대중들은 서다림逝多林에서 일체 법계와 허공계와 일체 불찰과 낱낱 미진 속에 있는 일체 불찰 미진수 국토까지 다 보게 되었다. 곧 부처님의 경계를 다 보았으니 그것이 세존의 사자분신삼매로 인하여 서다림에서 몰록 증득한 내용이다.

상 왕 회 선　　육 천　　도 성 어 언 하
象王廻旋에 **六千**이 **道成於言下**로다

큰 코끼리가 몸을 돌림에 육천 비구가 언하에 도를 이루었도다.

---

23)　入此三昧已에 一切世間이 普皆嚴淨하니 于時에 此大莊嚴樓閣이 忽然廣博하야 無有邊際하며 金剛爲地하고 寶王覆上하며 無量寶華와 及諸摩尼로 普散其中하야 處處盈滿하며 瑠璃爲柱에 衆寶合成하야 大光摩尼之所莊嚴이며

화엄경의 가르침을 의지하여 이익 이룸을 밝힌 내용 중에 권교權敎를 초월하는 이익을 밝힌 내용이다. 화엄경 제61권에 사리불존자가 6천 명의 비구들과 함께 문수보살을 따르려고 하자 문수보살이 마치 큰 코끼리가 천천히 돌아보듯이 하여 여러 비구들을 살펴보았고, 그후 문수보살은 대승에 나아가는 열 가지 법을 설하고 비구들은 그 법문을 듣고는 곧바로 큰 이익[道]을 얻었다는 이야기가 있다.

이 이야기는 실로 역사적인 순간이다. 6백여 년간의 시비와 갈등으로 얼룩졌던 세월이 한순간에 깨끗이 녹아 사라지는 순간이다. 대중부불교와 상좌부불교가 얼마나 많은 시간을 허비하며 시비를 일삼았던가. 소승불교와 대승불교는 또한 얼마나 오랜 시간을 다투어 왔던가. 그 모든 역사를 뒤로하고 이와 같은 화해의 순간을 문수사리보살과 사리불존자뿐만 아니라 석가모니 세존께서도 다 같이 증명하여 아실 것이라고 6천 명의 비구들이 이구동성으로 말하고 있다.

화엄경은 참으로 위대한 경전이다. 그 어떤 근기도 그 어떤 견해와 사상도 다 융화하여 통일된 하나의 경지에 이르게 한다. 마치 흙탕물도, 맑은 물도, 골짜기의 물도, 냇물도, 강물도, 압록강 물도, 대동강 물도, 한강 물도, 낙동강 물도, 일본의 강물도, 중국의 강물도, 미국의 강물도, 브라질의 강물도, 유럽의 강물도, 아프리카의 강물도 모두모두 바다에 이르러 다 같은 바다의 물이 되는 것과 같다. 화엄경의 가르침이 어느 누구와도 화쟁和諍과 융화를 중요하게 여기는 까닭이 여기에 있다.

계 명 동 묘　　지 만 불 이 어 초 심
啓明東廟하니 智滿不異於初心이요

복성의 동쪽 대탑묘처에서 열어 밝히니 지혜가 가득함이 초심과 다르지 않고

화엄경의 가르침을 의지하여 이익 이룸을 밝힌 내용 중에 지혜를 성취하는 이익을 밝힌 내용이다. 화엄경 제62권에 "이때에 문수사리보살이 모든 비구들을 권하여 아뇩다라삼먁삼보리심을 발하게 하고는, 점점 남방으로 가면서 인간세상을 지나다가 복성福城의 동쪽에 이르러 장엄당 사라숲[莊嚴幢娑羅林]에 머물렀습니다. 이곳은 옛적에 모든 부처님들이 계시면서 중생을 교화하시던 큰 탑이 있는 곳이며, 또한 세존께서도 과거에 보살의 행을 닦으시며, 한량없이

버리기 어려운 것을 능히 버리시던 곳이었습니다."24)라고 하였다.

이어서 문수보살은 장엄당 사라숲에서 보조법계경普照法界經이라는 경을 설하였는데, 큰 바다 가운데 있던 한량없는 백천억 용들이 그곳에 와서 법문을 듣고는 용의 길을 싫어하고 바로 불도를 구하여 용의 몸을 버리고 천상이나 인간에 태어났으며, 1만 용들은 아뇩다라삼먁삼보리에서 물러나지 않게 되었고, 또 한량없고 수없는 중생들은 삼승三乘 가운데서 제각기 조복함을 얻게 되었다.

그리고 이때에 복성福城의 사람들은 문수사리보살이 장엄당 사라숲 속 큰 탑이 있는 곳에 왔다는 말을 듣고는 한량없는 대중들이 복성에서 나와 그곳에 이르렀다. 거기에는 오백 우바새와 오백 우바이가 모여 왔으며, 선재동자 등 오백 동자와 오백 동녀도 함께 모여 와서 비로소 선재동자가 화엄경에 등장하게 된 것이다.

선재동자가 복성의 동쪽 대탑묘처에서 문수보살을 친견하고 비로소 발심하여 문수보살의 지시를 따라 53선지식을 친견하게 된 그 유명한 이야기가 엮어지면서 21권이나 되는 경전, 입법계품이 성립된다. 이 이야기만을 반야삼장般若三藏은 798년에 따로 번역하

---

24) 爾時에 文殊師利菩薩이 勸諸比丘하사 發阿耨多羅三藐三菩提心已하시고 漸次南行하사 經歷人間하사 至福城東하야 住莊嚴幢娑羅林中하시니 往昔諸佛이 曾所止住하야 敎化衆生한 大塔廟處며 亦是世尊이 於往昔時에 修菩薩行하야 能捨無量難捨之處라

여 40권 화엄경이 성립하게 된 것이다.

"지혜가 가득함이 초심과 다르지 않다."는 것은 선재동자가 복성의 동쪽 대탑묘처에서 문수보살을 친견하고 처음 보리심을 발하여 53선지식을 모두 다 친견하고는 마지막 미륵보살을 인하여 묘각妙覺의 경지에 올라서 불지佛智가 가득하게 된 것이 처음 보리심을 발한 마음과 조금도 다르지 않은 한마음이라는 이치를 밝힌 내용이다. 그래서 열반경에서는 "처음 발심한 마음과 마지막 정각을 이룬 마음이 다르지 않다[發心畢竟二不別]."고 하였다.

기 위 남 구   인 원 불 유 어 모 공
寄位南求하니 因圓不踰於毛孔이로다

지위에 의지하여 남쪽으로 법을 구함에 인행因行이 원만함이 모공毛孔을 넘지 아니했도다.

화엄경의 가르침을 의지하여 이익 이룸을 밝힌 내용 중에 지위를 성취하는 이익을 밝힌 내용이다. 만물은 씨앗 속에 모든 결과의 열매가 이미 다 갖춰져 있다. 불법을 수행하여 성불에 이르는 이치도 그와 다르지 않다. 선재동자가 처음 문수보살을 친견하고 법을 들

은 것은 십신十信의 지위에 해당한다. 다음으로 남쪽으로 남쪽으로 가면서 덕운德雲비구를 친견하고 구바녀瞿波女 선지식을 친견하기까지는 십주十住와 십행十行과 십회향十廻向과 십지十地의 지위에 해당한다. 다음으로 마야부인 이하의 여러 선지식들은 등각과 묘각에 해당한다. 이것이 지위에 의지하여 남쪽으로 법을 구하는 여정이지만 모두가 보현보살의 한 모공毛孔을 지나가지 않고 이미 갖춰져 있음을 밝히는 내용이다. 그래서 "인행因行이 원만함이 모공毛孔을 넘지 아니했도다."라고 한 것이다.

화엄경 제80권에, "이 선재동자가 처음 발심한 때로부터 보현보살을 친견하던 때까지 그 중간에 들어갔던 일체 모든 부처님 세계 바다에 대하여 지금 보현보살이 한 모공 속에서 잠깐 동안에 들어간 모든 부처님 세계 바다는 앞의 것보다 말할 수 없이 말할 수 없는 세계의 티끌 수의 배倍가 더 많으며, 이 한 모공과 같이 모든 모공도 다 또한 이와 같습니다.

선재동자가 보현보살의 모공에 있는 세계에서 한 걸음을 걸을 적에 말할 수 없이 말할 수 없는 세계의 티끌 수 세계를 지나가며, 이와 같이 걸어서 오는 세월이 끝나도록 걸어도 오히려 한 모공 속에 있는 세계 바다의 차례와 세계 바다의 갈무리와 세계 바다의 차

별과 세계 바다의 두루 들어감과 세계 바다의 이루어짐과 세계 바다의 무너짐과 세계 바다의 장엄과 있는 바 끝난 데를 능히 알 수 없습니다."[25]라고 한 내용이 그것이다.

부 미 진 지 경 권 즉 염 념 과 성
剖微塵之經卷則念念果成_{이요}

미세먼지와 같은 경전을 분석함에 순간순간에 불과佛果가 이루어지고,

화엄경을 의지하여 이익 이룸을 밝힌 내용 중에 원인을 드러내어 결과 이룸을 밝힌 내용이다.

화엄경 제51권에,

"예컨대 여기에 크나큰 경책이 있어서

---

25) 是善財童子가 從初發心으로 乃至得見普賢菩薩히 於其中間所入一切諸佛剎海는 今於普賢一毛孔中一念所入諸佛剎海가 過前不可說不可說佛剎微塵數倍하니 如一毛孔하야 一切毛孔도 悉亦如是하니라 善財童子가 於普賢菩薩毛孔剎中에 行一步하야 過不可說不可說佛剎微塵數世界하니 如是而行하야 盡未來劫이라도 猶不能知一毛孔中剎海次第와 剎海藏과 剎海差別과 剎海普入과 剎海成과 剎海壞와 剎海莊嚴의 所有邊際하며

삼천세계와 그 분량이 같지마는
한 작은 티끌 속에 있으며
일체 티끌도 모두 그러해

어떤 총명한 사람이 있어
맑은 눈으로 분명히 보고
티끌 쪼개고 경책을 꺼내어
여러 중생을 모두 이익되게 하듯이

부처님의 지혜도 그와 같아서
중생들의 마음에 두루 있지만
허망한 생각에 얽힌 바 되어
알지 못하고 깨닫지 못하거든

여러 부처님 크신 자비로
허망한 생각 없게 하려고
이와 같이 세상에 출현하시어
모든 보살을 이익되게 하도다.”26)라고 한 내용이 그것이다.

진 중 생 지 원 문 즉 진 진 행 만
盡衆生之願門則塵塵行滿이로다

중생의 서원을 다함에 먼지 먼지마다 수행이 가득하도다.

화엄경을 의지하여 이익 이룸을 밝힌 내용 중에 행行과 원願을 성
취하는 이익을 밝힌 내용이다. 보살이 보리심을 발하여 중생들을
남김없이 교화하고자 하는 서원은 중생계가 다할 때까지이다. 그
러나 중생계가 다하지 아니하므로 보살의 서원도 다하지 않는다.

화엄경 십지품에, "만약 중생계가 끝나면 나의 원願도 끝나며 만
약 세계와 내지 세간의 진전, 법의 진전, 지혜의 진전하는 경계가 끝
나면 나의 원도 끝나려니와, 중생계가 끝날 수 없으며 내지 세간의
진전, 법의 진전, 지혜의 진전하는 경계가 끝날 수 없으므로 나의
이 큰 원의 선근도 끝날 수 없느니라."[27]라고 하였다.

또 보살의 원대한 자비는 다하지 않는 까닭에 마음의 헤아림으

---

26) 如有大經卷이 量等三千界호대 在於一塵內하며 一切塵悉然이어든 有一聰慧人이 淨
眼悉明見하고 破塵出經卷하야 普饒益衆生인달하야 佛智亦如是하야 徧在衆生心호
대 妄想之所纏으로 不覺亦不知일새 諸佛大慈悲로 令其除妄想하사 如是乃出現하사
饒益諸菩薩이로다
27) 若衆生界盡이면 我願乃盡이며 若世界와 乃至世間轉法轉智轉界盡이면 我願乃盡이어
니와 而衆生界가 不可盡이며 乃至世間轉法轉智轉界가 不可盡故로 我此大願善根도
無有窮盡이니라

로는 다 생각할 수 없다. 한 중생을 위해서 한 먼지 가운데서 한량 없는 겁을 지날 때까지 만행을 수행하더라도 그 마음은 피로하지 않다. 먼지 먼지마다 다 그러하며 중생 중생마다 다 그러하다. 이 것이 보살의 행과 원이 다함이 없음을 나타낸 말이다.

크고 넓고 심원함을 맺어서 찬탄하다

진 가 위 상 항 지 묘 설
眞可謂常恒之妙說이며
통 방 지 홍 규
通方之洪規며

참으로 항상하는 미묘한 설법이며, 시방에 통하는 드넓은 법
규며

화엄경의 설법 내용이 시간적으로 항상하고 공간적으로 두루 함
을 밝혔다. 화엄경의 설법은 진리를 깨달은 바대로 설한 내용이다.
중생들의 근기와 수준을 생각하고 그들에게 맞춰서 알맞게 설법한
것이 아니다. 진리란 시간적으로 어느 때는 있다가 어느 때는 없는
것이 아니고 언제나 항상한 것이다. 그와 같은 진리성에 맞게 설하
려면 설법 또한 항상한 미묘한 설법이라야 한다. 그것을 상설常說
이라 한다. 다시 말하면 부처님이나 보살들이 설하면 있고 설하지
아니하면 없는 그와 같은 설법이 아니다. 그래서 시냇물 소리가 그
대로 부처님의 광장설법[谿聲便是廣長舌]이라고 간략히 밝힌 것이다.

한편 화엄경의 설법은 역시 진리를 깨달은 바대로 설한 것이므로 공간적으로 시방세계에 다 통하는 드넓은 법규이다. 진리가 어느 곳에는 있고 어느 곳에는 없는 것이 아니므로 변설偏說이라 한다. 즉 진정한 화엄경은 언제 어디서나 쉬지 않고 설하고 있는 것이다. 진리가 시간적으로 간격이 있거나 공간적으로 빈 곳이 있다면 모르려니와 그렇지 않고 시간과 공간을 초월해서 언제나 어디에나 있는 것이라면 상설변설常說偏說일 수밖에 없는 이치이다.

칭 성 지 극 담   일 승 지 요 궤 야
稱性之極談이며 **一乘之要軌也**로다

성품에 칭합하는 지극한 말씀이며, 일승一乘의 요긴한 궤범 이로다.

화엄경의 설법 내용이 깊고 또 깊음을 밝혔는데 낱낱이 참다운 이치에 맞고 낱낱이 진여자성에 맞고 불성진여에 맞고 법성에 맞는 궁극의 가르침이다. 만약 진여자성과 불성진여와 법성에 맞지 않는 가르침이라면 그것은 참다운 이치가 아니기 때문이다.

그리고 화엄경의 설법은 팔만장교八萬藏教의 여러 가지 가르침 중에 가장 요긴한 내용임을 밝혔다. 그래서 일승의 요긴한 궤범이라고 한 것이다.

일승一乘이란 일불승一佛乘과 같은 뜻인데 승은 타는 것, 곧 수레나 배[船]를 말하며, 사람들을 깨달음의 경지로 실어 나르는 것을 의미한다. 즉 부처님의 교법敎法을 가리키는데 교법에는 소승과 대승과 3승과 5승 등의 구별이 있다. 일체 중생이 모두 성불한다는 견지에서 그 구제하는 교법이 하나뿐이고 절대 진실한 것이라고 주장하는 것이 일승이다. 법화경을 일승경 또는 일승의 묘전妙典이라 하고, 화엄경은 사사물물事事物物의 원융상즉圓融相卽을 말한 법문이므로 3승교에서는 밝히지 못하고 부처님의 깨달은 경계를 그대로 말한 것이기 때문에 그 교의敎義의 입각지立脚地가 3승과는 천지현격天地懸隔하므로 화엄경 법문을 별교일승別敎一乘이라 한다.

심사현지　　　각람여경　　　기유고일　　여천　탈중
尋斯玄旨하고 却覽餘經하니 其猶杲日이 麗天에 奪衆

경지요　　수미횡해　　낙군봉지고
景之耀요 須彌橫海에 落群峰之高로다

이 현묘한 뜻을 찾고 나서 다시 다른 경전을 살펴보니 마치 떠오르는 태양이 하늘에서 빛남에 온갖 빛들이 그 밝음을 다 빼앗긴 것과 같고, 수미산이 바다에 높이 솟음에 수많은 산봉우리들의 높음이 다 떨어져 나간 것과 같도다.

화엄경의 설법 내용이 깊고 또 깊음을 밝혔는데 다른 경전과 비교하여 볼 때 그야말로 천지차이라는 것을 비유를 들어 말하였다.

청량스님은 유교 서적과 도교 서적과 불교 서적을 빠짐없이 섭렵하였다. 불교 서적에서는 대소승을 망라하여 수많은 논서論書와 일체 선어록禪語錄까지 다 기억하고 있다. 스님께서 이 화엄경을 공부하고 나서 다른 경전들과 그 교의敎義의 차원을 비교하여 보니 마치 저 태양의 빛과 다른 별들의 빛과 같아서 태양이 떠오르면 다른 별들의 빛은 모두 다 숨어 버리는 경우와 같다고 하였다. 또한 수미산이 바다에 솟음에 온갖 산봉우리들은 그 높이가 다 떨어져 나간 것과 같다고 하였다. 어찌 다른 경전과 비교하겠는가.

화엄경 만난 것을 감격하고 경사로 여기다

시 이   보 살 수 비 어 용 궁
是以로 菩薩搜祕於龍宮이요

그러므로 보살이 용궁에 비장되어 있는 것을 찾아냈으며

  화엄경을 크게 드날리게 된 연원을 밝혔다. 청량스님은 이 화엄
경이 용궁에 비장되어 있는 것을 용수龍樹보살이 찾아내어 세상에
전파하였다는 설에 근거하여 밝히고 있다.

  용수보살은 불멸佛滅 후 7백 년경에 남천축南天竺에서 출생한 보
살로서 마명馬鳴보살의 제자인 가비마라존자迦毘摩羅尊者의 제자다.
전기에 따르면 용수보살은 본래 바라문 출신으로, 매우 총명하여
아무리 긴 내용의 경전이라도 한 번만 들으면 다 외울 정도였다. 젊
어서부터 인근 여러 나라에 이름이 알려졌으며, 천문이나 지리·도
술에도 능통했다고 한다. 친구들과 함께 변신술을 배워 왕궁에 잠
입潛入하여 궁녀들과 즐기다가 발각된 일도 있다. 이때 친구들이

모두 처형되었으나 용수만 용케 살아 나왔다. 이 일을 겪고 욕망이 번뇌의 근원임을 깨달아 불교에 귀의하게 되었다고 한다.

출가한 지 석 달 만에 삼장三藏을 다 외웠으며, 이후 설산에 들어가 한 노인으로부터 대승경전을 얻었다. 그리고 다시 여러 나라를 돌아다니며 읽을 만한 경전을 모았으나 만족할 만큼 얻지 못하였다. 그러던 어느 날, 대룡大龍보살을 따라서 용궁으로 들어갔는데 그곳에서 석 달간 머무르며 불법의 진리를 깨달았다고 한다. 용왕의 도움을 받아 불법을 깨우쳤다 해서 용龍 자를 붙이고, 나무 아래에서 낳았다고 해서 수樹 자를 붙여 이름을 용수龍樹로 바꾸었다.

용궁이란, 불법이라는 큰 바다 속에서도 가장 심오한 이치를 밝힌 부분이다. 용수보살은 그 심오한 이치를 다 깨닫고 그 이치에 근거하여 그동안 불교세계에서 펼쳐 보였던 모든 가르침을 총망라하여 화엄경이라는 이름으로 결집하고 편찬한 것이라고 정리해 보고자 한다.

대 현 천 양 어 동 하
大賢闡揚於東夏로다

큰 현인이 동하東夏에서 크게 드날렸도다.

큰 현인이란 청량스님이 소개한 바에 의하면 먼저 각현(覺賢,
359~429)스님이다. 각현스님은 인도에서의 이름이 불타발타라佛馱
跋陀羅인데 인도에 법을 구하러 간 지엄智嚴스님의 청으로 중국에 왔
다. 장안長安에서 구마라습과 법상法相을 의논했고, 혜원慧遠스님을
위하여 처음 선경禪經을 강설했다. 역경에 종사하여 60화엄경을 번
역했다. 이 밖에도 15부 117권의 경전을 번역하기도 했다.

다음은 지엄智嚴스님, 법업法業스님, 일조日照스님, 실차난타實叉難
陀스님 등이다. 특히 실차난타스님은 우전국于闐國 출생으로 695년
에 화엄경의 산스크리트본을 낙양洛陽으로 가져다가 보리류지普提
流志스님과 인도 여행을 한 의정義淨스님 등과 함께 신역新譯화엄경
80권을 완역하고, 그 밖에도 대승입능가경大乘入楞伽經과 문수수기
경文殊授記經 등 19부도 번역하였다. 704년에 일단 귀국했으나 화
엄종의 대성자大成者인 법장法藏스님, 의정스님 등과 친교가 두터워
708년에 다시 중국으로 가서 살았다.

위에서 소개한 분들이 모두 화엄경을 중국에 소개하고 드날리는
데 큰 역할을 하신 분들이다. 그 인연으로 화엄경이 한국과 일본
에까지 전파되었으며, 특히 우리나라에서는 자장율사와 원효스

님과 의상스님으로 인하여 깊이 뿌리를 내리게 되어 오늘에 이르렀다.

고 유 정 법 지 대　　　상 익 청 휘
顧惟正法之代에도 **尚匿淸輝**어늘

뒤돌아 생각해 보니 정법正法의 시대에도 오히려 맑은 빛이 숨었었는데,

화엄경이라는 맑은 빛을 만난 것을 감격하고 경사로 여김을 밝혔다. 불교가 세상에 머무름에 있어서 시대에 따라 그 성향이 다름을 대개는 정법正法시대와 상법像法시대와 말법末法시대로 나누어 본다. 이러한 생각은 중국에서는 6세기경부터 융성해진 사상이며 불교의 독특한 시대의식과 역사관을 표현한 것으로 즉 불교의 전통은 정법과 상법과 말법이라는 세 시대[三時]를 거쳐 점차 소멸한다는 사고방식을 기조로 하고 있다. 정법시대에는 정법이 존재하고 진리[敎]와 수행[行]과 득도[證] 등이 가능하지만, 상법시대에 들어서면 득도가 상실되어 교敎와 행行만이 남고, 말법시대가 되면 행과 증이 없이 교의 형해形骸만이 남는다고 한다. 또한 이 삼시三時 사

상은 더러움으로 가득 찬 현실의 세간世間을 오탁악세五濁惡世라고 하여 법의 멸망[法滅]이라고 하는 시대에 대한 위기의식으로 짙게 채색되어 있다.

정법과 상법과 말법의 삼시의 연한年限에 대한 기술은 경전마다 다양한데 보통은 정법 5백 년, 상법 1천 년, 말법 1만 년이라고 한다. 이 사상에 따르면 세존이 열반에 드신 후 1천5백 년이 지나면 말법시대에 들어가는데 그것이 중국에서는 552년경에 해당한다고 한다. 이 시대는 남북조시대인데 마침 말법사상을 설명한 대집월장경大集月藏經 등의 경전이 번역된 때이기도 하며, 교단의 타락과 부패 및 파불破佛 사건이 일어나 불교도의 위기감이 고조되던 때이기도 하다.

청량스님은 738년에 출생하여 839년에 입적하였으므로 부처님 열반 1천5백 년 전후가 된다. 그래서 상법과 말법의 시대에 걸쳐서 사셨던 스님이다. 화엄경이 용수보살의 결집이라면 불멸 7백 년경부터 세상에 존재하였으므로 "생각해 보니 정법의 시대에도 오히려 맑은 빛이 숨었었다."고 하여 정법의 시대에는 오히려 이 훌륭한 화엄경이 없었다는 뜻이다. 경전성립사적 입장에서 보면 화엄경은 불멸 7백 년경에 결집되었기 때문이다.

행 재   상 계 지 시   우 사 현 화
幸哉라 **像季之時**에 **偶斯玄化**하고

다행하여라. 상법像法과 계법季法의 시대에 이 현묘한 교화를
만났고,

계법季法은 곧 말법과 같은 말이다. 청량스님이 사셨던 시대는 정
법의 시대가 지나고 상법과 말법의 시대이므로 이와 같은 말세에
이 위대한 화엄경을 만나게 된 것이 얼마나 큰 다행인지 모른다는
뜻을 밝혔다.

황 봉 성 주   득 재 영 산   갈 사 유 종   기 무 경 약
況逢聖主하며 **得在靈山**하야 **竭思幽宗**하니 **豈無慶躍**
이리오

더욱이 성주聖主를 만났으며 영산靈山에 있으면서 생각이 그
윽한 종지宗旨에 다하였으니 어찌 경사스럽지 아니한가.

청량스님이 세상에 계시던 때를 기쁘고 경사스럽게 여기는 것과
살고 있는 처소를 기쁘고 경사스럽게 여기는 것과 수행하는 바를

기쁘고 경사스럽게 여기는 것을 밝혔다.

먼저 세상에 계시던 때를 기쁘고 경사스럽게 여기는 것으로 청량스님이 만났다는 성주聖主란 성명천자聖明天子인데 곧 당나라 현종(玄宗, 685~762) 임금을 말한다. 현종은 화엄종에서 불교의 가르침을 나눈 다섯 가지인 소승교小乘敎, 대승시교大乘始敎, 대승종교大乘終敎, 돈교頓敎, 원교圓敎를 골고루 널리 폈으며 특히 일승원교인 화엄경을 높이 드날렸으니 이것이 한 가지 큰 다행한 일이다. 만약 불교를 배척하거나 탄압하는 임금이 사는 시대였더라면 어떠하겠는가.

다음으로 살고 있는 처소를 기쁘고 경사스럽게 여기는 것으로 청량스님은 오대산이라고도 부르는 청량산淸凉山에 머무르며 화엄경 소초를 집필하시면서 평생을 살았다. 이 산은 예로부터 문수보살이 상주한다는 신령한 산으로 알려져 왔다. 그래서 성산聖山이며 영산靈山이다. 이것이 두 번째 다행한 일이다. 수행은 자신의 의지도 중요하지만 환경도 그에 못지않게 중요하기 때문이다.

다음은 수행하는 바를 기쁘고 경사스럽게 여기는 뜻을 밝혔는데 "생각이 그윽한 종지宗旨에 다하였으니 어찌 경사스럽지 아니한가."

라고 하였다. '그윽한 종지'란 곧 대방광불화엄경이다. 수많은 공부의 종류가 있으나 그중에서도 세상에서 가장 위대한 가르침인 대방광불화엄경을 공부하게 되었으니 얼마나 기쁘고 다행한 일인가.

청량스님은, "대방광불화엄경은 곧 비로자나부처님의 근본이며, 보현보살의 중심이 되는 골수며, 일체 모든 부처님이 깨달은 바며, 일체 모든 보살들이 지니는 바며, 진여자성과 일체 현상을 남김없이 모두 아우르며, 이치와 지혜를 원만히 하여 특출한 것이어서 다른 사람들의 손에는 들어가지 않는다고 하였는데 무슨 행운으로 받들어 가졌으며, 수행을 많이 쌓은 보살들도 오히려 몰랐거늘 무슨 행운으로 그윽하고 깊은 뜻을 탐구하게 되었는가. 참으로 몸을 바쳐 그 죽을 곳을 얻었으며, 생각을 다하여 그 돌아갈 곳이 있게 되었으니[亡軀得其死所 竭思有其所歸], 이것이 세 번째 다행한 일이다. 어찌 띨 듯이 기뻐하지 않을 수 있겠는가.

그것은 마치 큰 바다에 빠졌다가 배를 만난 것과 같고 하늘에서 떨어지다가 신령스러운 학을 탄 것과 같다. 경사스럽고 다행함이 이토록 지극한데 팔을 벌려 춤을 춘들 어찌 다 표현할 수 있겠는가. 그러므로 감사하고 또 감사하며 기뻐하고 또 기뻐하니 오직 성현들만이 나의 마음을 짐작할 뿐이로다."28)라고 하였다.

● 第十門 略釋名題
이름과 제목을 간략히 해석하다

제 칭 대 방 광 불 화 엄 경 자　즉 무 진 수 다 라 지 총 명
題稱大方廣佛華嚴經者는 **卽無盡修多羅之總名**이요

세 주 묘 엄 품 제 일 자　즉 중 편 의 류 지 별 목
世主妙嚴品第一者는 **卽衆篇義類之別目**이니라

제목을 대방광불화엄경이라고 한 것은 다함이 없는 경전의 전체의 이름[總名]이며, 세주묘엄품 제1이라고 한 것은 곧 여러 편으로 뜻을 분류한 다른 제목이다.

대방광불화엄경이라는 이름 속에는 경율론經律論 삼장의 모든 가르침과 선불교 일체 선문禪文의 가르침이 하나도 빠짐없이 다 들어 있어서 다함이 없는 수다라 전체의 이름이라고 한다. 어찌 불교의

---

28) 大方廣佛華嚴經卽毘盧遮那之淵府. 普賢菩薩之心髓. 一切諸佛之所證. 一切菩薩之所持. 包性相之無遺. 圓理智而特出. 不入餘人之手. 何幸捧而持之. 積行菩薩猶迷. 何幸探乎幽邃. 亡軀得其死所. 竭思有其所歸. 幸之三也. 豈無慶躍結上三也. 其猶溺巨海而遇芳舟. 墜長空而乘靈鶴. 慶躍之至手舞何階. 是故感之慶之. 唯聖賢之知我也.

가르침만 들어 있겠는가. 유교나 도교의 가르침뿐만 아니라 기독교의 가르침도, 힌두교의 가르침도, 자이나교의 가르침도 다 들어 있다. 일체 선한 법의 가르침은 유치원 선생님의 가르침에서부터 대학교 교수님의 가르침에 이르기까지 모두 다 들어 있다. 그것이 대방광불화엄경이다. "세주묘엄품世主妙嚴品"이란 화엄경에는 39품의 품이 있는데 그 가운데 제1품이 세주묘엄품이다.

　대 이 광 겸 무 제　　　방 이 정 법 자 지　　광 즉 칭 체 이
大以曠兼無際하고 **方以正法自持**하고 **廣則稱體而**

주
周하고

대大는 드넓고 끝없음이요, 방方은 정법으로써 자성을 지녔음이요, 광廣은 체에 합하여 두루 함이다.

'대방광불화엄경大方廣佛華嚴經'이라는 일곱 글자의 제목을 간략하게 해석하였다. 비록 화엄경이라는 경전의 제목을 간략히 해석하고 있지만 이 화엄경은 다른 경전과 다르므로 우주만유의 이치를 빠짐없이 다 담고 있어서 제목의 일곱 글자도 또한 우주만유의 이치

를 다 담고 있다.

　대大는 '크다, 위대하다, 넓다, 두루 하다'라고 하는데 무엇이 그
렇게 큰가. 깨달음의 눈을 뜨고 보면 눈에 보이지 않는 먼지에서부
터 모래알과 돌과 흙과 나무와 물 한 방울과 바람 한 줄기와 사람
을 위시한 온갖 생명체와 지구와 달과 태양과 별과 저 드넓은 허공
에 이르기까지 삼라만상 온갖 만유가 모두 다 크고 위대하고 넓고
두루 하다는 뜻이다. 먼지와 모래와 돌과 흙 따위가 어째서 그렇
게 큰가. 먼지와 모래와 돌과 흙 하나하나에도 이 지구 45억 년의
기록이 다 담겨 있기 때문이다. 그래서 그러한 이치를 일미진중함
시방一微塵中含十方이라고 하는 것이다. 그런데 어찌 크고 위대하고
넓다 하지 않겠는가.

　경허(鏡虛, 1849~1912)선사는 오대산 월정사에서 대방광불화엄경을
설법하시면서 "대방광불화엄경만 대가 아니라 대들보도 대요, 댓
돌도 대요, 대가사도 대요, 세숫대도 대요, 담뱃대도 대니라."[29]

---

29)　경허스님이 오대산 월정사를 지나게 되었다. 당시 월정사 방장으로 있던 인명寅明스님이
　　경허스님에게 화엄경 설법을 청해 3개월간 월정사에서 화엄경 법회가 진행됐다. 1천여 명
　　에 달하는 승속이 청법하는 자리에서 경허스님은 의연히 법좌에 올라 말했다. " '대방광불
　　화엄경'이라 운운하였다." 경허스님의 자유로운 노래에 대중은 모두 대단한 흥미를 느꼈
　　다. 경허스님은 이어 화엄경에 대한 심오하고 무변한 대의진수大義眞髓를 설했다.

라고 하였다. 그렇다. 이 세상 모든 것에 크고 위대하지 아니한 것
이 없다는 뜻이다. 그렇다면 이 세상 모든 것은 곧 대방광불화엄경
이고, 대방광불화엄경은 곧 이 세상 모든 것이라는 뜻이리라.

  방方은 정법正法, 즉 우주만유는 하나하나가 바른 이치[正法]로서
의 자체 성품을 가지고 있다는 뜻이다. 미혹한 범부의 눈에는 천지
만물과 우주만유에 바르지 않은 것이 너무나 많고 잘못된 것이 넘
쳐나지만 깨어 있는 안목으로 보면 천지가 온통 금은보화요 다이
아몬드로 장엄되어 있다. 그러니 어찌 우주만유 하나하나가 바른
이치[正法]로서의 자체 성품을 가지고 있다 하지 않겠는가.
  그래서 경허선사는 방方 자를 설명하시면서 "큰방도 방이요, 지
대방도 방이요, 질방도 방이요, 동서남북 사방도 방이니라."라고
하였다.

  또 광廣은 넓다는 뜻인데 자세히 살펴보면 눈에 보이지 않는 먼
지에서부터 모래알과 돌과 흙과 나무와 물 한 방울과 바람 한 줄
기까지 모두가 넓고 두루 해서 그 어디에도 우주만유를 포함하지
않는 것이 없고 그것들과 함께하지 않는 것이 없다. 그와 같은 이
치를 밝힌 화엄경이거늘 어찌 넓다 하지 않을 수 있겠는가.

그래서 경허선사는 광廣 자를 설명하시면서 "쌀광도 광이요, 찬
광도 광이요, 연장광도 광이니라."라고 하였다.

불 위 각 사 현 묘　　화 유 공 덕 만 행　　엄 위 식 법 성
佛謂覺斯玄妙하고 **華喩功德萬行**하고 **嚴謂飾法成**

인
人하고

불佛은 현묘함을 깨달았음이요, 화華는 공덕만행을 비유함이
요, 엄嚴은 법을 꾸미고 사람을 성숙함이요,

불佛이란 깨달은 사람이라는 뜻이다. 위에서 말한 우주만유가
낱낱이 대大하고, 방方하고, 광廣하다는 이치를 깨달은 사람이라는
뜻이다. 그래서 현묘함을 깨달았다고 한 것이다.
경허선사는 불佛 자를 설명하시면서 "등잔불도 불이요, 모닥불
도 불이요, 촛불도 불이요, 화롯불도 불이요, 번갯불도 불이요, 이
불도 불이요, 횃불도 불이니라."라고 하였다.

화華는 공덕만행을 비유하였다고 하는데, 위에서 말한 우주만유

가 낱낱이 대大하고, 방方하고, 광廣하다는 이치를 깨달은 사람[佛]은 어떤 모습일까. 세상에서 가장 아름다운 사람이며, 가장 존경할 만한 사람이며, 가장 보고 싶은 사람이며, 가장 향기로운 사람이다. 그와 같은 사람을 꽃에다 비유하였다. 그러나 어찌 이치를 깨달은 사람만 부처님이겠는가. 마음과 부처와 중생 이 셋은 차별이 없이 같은 것이어서 본래로 똑같이 가장 아름답고, 가장 존경할 만하고, 가장 보고 싶고, 가장 향기로운 고귀한 존재이다.

그래서 경허선사는 화華 자를 설명하시면서 "매화도 화요, 국화도 화요, 탱화도 화요, 화병도 화요, 화살도 화요, 화엄경도 화이니라."라고 하였다.

엄嚴이란 본래로 마음과 부처와 중생, 이 셋은 차별이 없이 같은 존귀한 존재이지만 그러나 일체 존재의 실상과 이치를 확연히 깨달아서 세상을 더욱 아름답게 꾸밀 줄 아는 불보살의 만행 만덕을 펼치는 보살행을 뜻한다. 진리를 천 번 만 번 깨달았다 하더라도 육도만행과 사무량심과 사섭법과 인의예지 등의 선善한 일로써 세상을 아름답게 꾸며서 부정도 없고, 부패도 없고, 비리도 없어서 정직하고 선량한 사회가 되게 하지 않는다면 무슨 소용이 있겠는가. 꽃과 같은 보살행과 공덕만행으로 세상을 아름답게 꾸민다는 의

미이다.

그래서 경허선사는 엄嚴 자를 설명하시면서 "엄마도 엄이요, 엄살도 엄이요, 엄명도 엄이요, 엄정함도 엄이요, 화엄도 엄이니라."라고 하였다.

경 내 주 무 갈 지 용 천   관 현 응 지 묘 의   섭 무 변

經乃注無竭之涌泉이로다 **貫玄凝之妙義**하며 **攝無邊**

지 해 회   작 종 고 지 상 규

之海會하며 **作終古之常規**로다

경經은 끝없이 솟아나는 샘물을 흘려보내는 것이며, 깊고 깊은 미묘한 뜻을 꿰뚫고, 가없이 드넓은 법회의 대중들을 포섭하며, 먼 옛날부터 내려온 공정한 법규를 지었다.

경經에 대해서는 네 가지 뜻을 들어 밝혔다.

경經이란 뜻에 대하여 먼저 "경經은 끝없이 솟아나는 샘물을 흘려보내는 것이다."라고 하였다. 경은 가르침이다. 진리에 대한 훌륭한 깨달음의 내용을 가르치는 말이 없거나 글이 없으면 다른 사람에게 전할 수 없다. 그것도 말만으로는 정확하지 못하고 또

한 오래가지 못한다. 반드시 문자로 전해야 정확하고 또한 수천 년 수만 년으로 오래가게 되고, 전 세계적으로 널리 전할 수 있다. 그것이 곧 "끝없이 솟아나는 샘물을 흘려보내는 것이다."라는 뜻 이다.

경經이란 뜻에 대하여 다음은 "깊고 깊은 미묘한 뜻을 꿰뚫었다." 라고 하였다. 화엄경은 삼라만상과 우주법계의 깊고 깊은 미묘한 이치를 실로 염주를 꿰듯이 질서정연하게 남김없이 다 꿰고 있다. 화엄경을 잘 읽으면 인생사와 세상사와 저 드넓은 우주의 실상을 손바닥을 들여다보듯이 환하게 알 수 있다.

경經이란 뜻에 대하여 다음은 "가없이 드넓은 법회의 대중들을 포섭하였다."라고 하였다. 가없이 드넓은 법회의 대중들이란 오직 이 화엄경에서만 열거하는 대중들이다. 다른 경전에서는 법회 대중들 의 숫자와 근기에 제한이 되어 있어서 가없이 드넓은 법회의 대중 들이라고 하지 못하였다.

경經이란 뜻에 대하여 다음은 "먼 옛날부터 내려온 공정한 법규 를 지었다."라고 하였다. 화엄경은 언제나 항상 설하고[常說] 어디서나 설하는[編說] 이치이다. 그래서 어디에서나 이치에 맞는 말씀이며 언제나 이치에 맞는 말씀이다. 만약 시대가 다르고 장소가 다르다고 하여 이치에 맞지 않는다면 그것은 진리의 말씀이 아니다. 화엄경이 아니다. 불교의 경전 중에도 간혹 시간과 장소에 따라 맞지 않는 말씀이 있는 경우도 있다. 그것을 방편설이라고 한다.

그래서 경허선사는 대방광불화엄경을 설하시면서 "면경도 경이요, 구경도 경이요, 풍경도 경이요, 인경도 경이요, 안경도 경이니라."30)라고 하였다. 이 또한 만고에 명쾌하기 이를 데 없는 말씀이리라.

불 급 제 왕　　병 칭 세 주　　법 문 의 정　　구 왈 묘 엄
佛及諸王을 **並稱世主**요 **法門依正**을 **俱曰妙嚴**이니

---

30) 경허선사는 오대산 월정사에서 위와 같이 화엄경을 설하셨고, 그의 제자 한암(漢巖, 1876~1951)선사는 그 법석에서 위와 같은 경허선사의 화엄을 들었을 것이다. 그리고 한암선사의 제자인 탄허(呑虛, 1913~1983)선사는 한암선사에게서 역시 화엄경을 공부하였으며, 필자는 또한 탄허선사가 화엄합론을 번역하여 교열하고 출판하기까지 수년에 걸쳐서 함께 읽었으며, 1977년에는 오대산 월정사에서 탄허선사로부터 화엄합론 출판을 기념하는 법회에서 수학하기도 하였다. 이와 같이 면면히 이어져 온 그 인연으로 화엄경 강설을 쓰게 되었고 왕복서(往復序)까지 강설하게 되었다.

부처님과 모든 왕들을 아울러 세상의 주인이라 일컫고, 법문의 의보와 정보를 함께 미묘한 장엄이라 한다.

세주묘엄품世主妙嚴品이란 품의 이름을 해석하였다. 먼저 세주世主란 화엄경의 안목으로 보면 세상에 존재하는 두두물물이 모두 부처님이요, 모두가 세상의 주인이다. 어느 것 하나 부처님 아닌 것이 있으며 세상의 주인 아닌 것이 있는가. 그래서 화엄경에서는 삼라만상과 우주만유가 모두모두 동참하여 세상의 주인으로서 화엄법회를 장엄하였다.

묘엄妙嚴이란 화엄경 법문에는 아름답게 장엄된 부처님의 의보依報와 정보正報를 두루두루 설명하였다. 의보는 부처님이 거주하시는 세계와 생활환경을 말하는 것이고, 정보는 부처님의 몸과 마음의 모든 영역을 말하는 것인데 이 모두가 미묘하고 아름답게 장엄되었다는 뜻이다. 세존께서 정각을 이루고 나니 세상은 온통 금은보화와 다이아몬드로 이루어졌더라고 하였으며, 일체 생명은 모두가 여래의 지혜와 덕상을 갖추었더라고 한 것이 이것이다. 그래서 세상의 주인들로 아름답게 장엄하였더라[世主妙嚴]고 하였다.

분 의 류 이 창 품 명　　 관 군 편 이 칭 제 일
分義類以彰品名할새 **冠群篇而稱第**一이니라

뜻의 종류를 나누어 품의 이름을 드러내었고, 여러 편의 첫
머리에 두었기에 제일第一이라 일컫는다.

화엄경에는 39품이 있는데 매 품마다 독특한 뜻을 지녔다. 그
뜻을 분류하여 품의 이름을 삼았기 때문에 품의 이름을 잘 이해하
면 품의 뜻을 대강 알게 된다. 제일이라고 한 것은 39품 중에서 가
장 첫 번째 품이라는 뜻이다.

사 경　　유 삼 십 구 품　　 차 품　　건 초
斯經이 **有三十九品**하니 **此品**이 **建初**ㄹ새

이 경이 39품이 있는데 이 품이 맨 처음에 세워졌다.

흔히 7처 9회 39품이라 한다. 39품의 명칭을 숙지하도록 하기
위해서 다시 한 번 살펴본다.

제1회 법보리도량회 6품 :

1. 세주묘엄품 2. 여래현상품 3. 보현삼매품

119
대방광불화엄경 소서疏序

4. 세계성취품 5. 화장세계품 6. 비로자나품

제2회 보광명전회 6품 :

7. 여래명호품 8. 사성제품 9. 광명각품

10. 보살문명품 11. 정행품 12. 현수품

제3회 도리천궁회 6품 :

13. 승수미산정품 14. 수미정상게찬품 15. 십주품

16. 범행품 17. 초발심공덕품 18. 명법품

제4회 야마천궁회 4품 :

19. 승야마천궁품 20. 야마천궁게찬품

21. 십행품 22. 십무진장품

제5회 승도솔천궁회 3품 :

23. 승도솔천궁품 24. 도솔궁중게찬품 25. 십회향품

제6회 타화자재천궁회 1품 : 26. 십지품

제7회 2회 보광명전회 11품 :

27. 십정품 28. 십통품 29. 십인품

30. 아승지품 31. 여래수량품 32. 보살주처품

33. 불부사의법품 34. 여래십신상해품

35. 여래수호광명공덕품 36. 보현행품 37. 여래출현품

제8회 3회 보광명전회 1품 : 38. 이세간품

고　운대방광불화엄경세주묘엄품제일
故로 云大方廣佛華嚴經世主妙嚴品第一이라하니라

그러므로 '대방광불화엄경 세주묘엄품 제일第一'이라 하였다.

화엄경 소疏의 서문을 마무리하면서 이어서 자연스럽게 경의 본문으로 들어가도록 이끌고 있다. 인류가 남긴 가장 위대한 가르침이며 팔만장경 중에서 제일가는 경전을 어찌 그 서문만 읽고 말 것인가. 반드시 경의 본문 속으로 깊이 빠져들어야 할 것이다.

그러나 이 서문은 경의 본문을 깊이 공부하지 않고는 이해할 수 없는 글이다. 그래서 경의 본문을 공부하면서 서문을 공부하고 서문을 공부하면서 또 경의 본문을 공부하다 보면 이 서문이 세상에서 가장 훌륭한 글이라는 것을 알게 될 것이므로 천 번 만 번 읽고 또 쓰면서 이 아름답고 깊은 뜻을 터득하기를 간절히 바란다.

왕복서 강설 끝

往復序
왕
복
서

대방광불화엄경 소서疏序

| 발행_ 2019년 2월 28일

| 찬_ 청량 징관
| 강설_ 여천 무비

| 펴낸이_ 오세룡
| 편집_ 박성화 손미숙 정선경 이연희
| 기획_ 최은영 권미리
| 디자인_ 고혜정 김효선 장혜정
| 홍보 마케팅_ 이주하
| 펴낸곳_ 담앤북스
　　　　서울특별시 종로구 새문안로 3길 23 경희궁의 아침 4단지 805호
　　　　대표전화 02)765-1251 전송 02)764-1251 전자우편 damnbooks@hanmail.net
　　　　출판등록 제300-2011-115호
| ISBN　979-11-6201-142-3 (03220)

정가 11,000원